YAMAL

Ilustración de cubierta de Dan Leydon

Publicado originalmente por Dino Books,
un sello de Bonnier Books UK.

Avda. Diagonal, 662-664, 08034 Barcelona (España)
www.planetadelibrosinfantilyjuvenil.com
www.planetadelibros.com
infoinfantilyjuvenil@planeta.es
Primera edición: mayo de 2026
ISBN: 978-84-08-31134-8
Depósito legal: B. 24.913-2026
Impreso en España

El papel de este libro procede de bosques gestionados
de forma sostenible y de fuentes controladas.

MATT Y TOM OLDFIELD

SUPERCRACKS DEL FÚTBOL

YAMAL

DEL PATIO
AL ESTADIO

PJ

SUPERCRACKS DEL FÚTBOL

Para Noah, Nico, Arlo y Lila

Matt Oldfield es un escritor de literatura infantil especializado en el maravilloso mundo del fútbol. Entre sus obras, destacan *Unbelievable Football* (ganadora del premio Children's Sports Book of the Year en 2020) y la serie *Johnny Ball: Football Genius*. Matt también imparte talleres de escritura en colegios.
Tom Oldfield es un escritor deportivo independiente y autor de biografías sobre Cristiano Ronaldo, Arsène Wenger y Rafael Nadal.

ÍNDICE

AGRADECIMIENTOS

En primer lugar, me gustaría dar las gracias a todo el equipo de trabajo por su apoyo y por manejar el barco cada vez más grande de *Supercracks del fútbol* con tanta eficacia. Es un honor y un placer escribir historias para la próxima generación de aficionados al fútbol. Gracias también a mi agente, Nick Walters, por ayudarme a mantener vivo, año tras año, el sueño de seguir trabajando en algo con lo que siempre soñé.

A continuación, un enorme agradecimiento a todos los profesores, libreros y bibliotecarios que han impulsado estos libros y, por supuesto, a los lectores. El éxito de esta serie es, sin duda, gracias a vosotros.

Y, cómo no, a mi familia. No estaría escribiendo esta serie si no fuera por mi hermano Tom. Le debo muchísimo y estoy muy agradecido por su confianza en mí como escritor. También estoy muy agradecido con el resto de mi familia, especialmente con Mel, con Noah, con Nico y, por supuesto, con mamá y con papá. A mis padres les debo mis dos grandes pasiones: el fútbol y los libros. Son una auténtica inspiración para todo lo que hago.

También quiero dar las gracias a mis amigos por todo el cariño y por las risas compartidas; lo siento: no, no voy a buscarme «un trabajo de verdad» por ahora.

Y, por último, a Iona. Nada de esto habría sido posible sin tu apoyo y tu comprensión. Todo mi cariño para ti y para Arlo, para Lila y para Claude.

CAPÍTULO 1

LA SUPERESTRELLA MÁS JOVEN DE EUROPA

9 de julio de 2024, Allianz Arena, Múnich, Alemania

Lamine Yamal siempre esperaba con enorme ilusión el día de su cumpleaños. Guardaba muchísimos recuerdos especiales de ese día a lo largo de los años: las fiestas, los juegos y, por supuesto, los regalos. Pero, esa vez, para su inminente decimoséptimo cumpleaños, solo había una cosa en su lista de deseos: alcanzar la final de la EURO 2024.

Lamine había irrumpido en el escenario futbolístico internacional gracias a una temporada vertiginosa con el primer equipo del Barcelona. España había ganado los tres partidos de la fase de grupos en la EURO 2024. Luego, había arrollado a Georgia y había derrotado a Alemania en un durísimo partido de cuartos de final. Y, ahora, la roja se preparaba para disputar la semifinal contra Francia; estaban a tan solo 90 minutos de la final.

Su madre, Sheila, temblaba de emoción cuando Lamine la llamó la noche previa a la semifinal.

«¡Estoy tan orgullosa de ti!», le dijo con una radiante sonrisa.

«¡Gracias!», respondió Lamine. Era difícil no responder con una sonrisa al ver lo importante que era ese momento para ella. «Este último año ha sido increíble, y no estaría aquí sin ti», añadió.

«Ha sido una aventura maravillosa para toda la familia», reconoció Sheila, con la voz un tanto temblorosa.

Lamine se percató de que a su madre se le escapaban unas lágrimas, así que cambió de tema enseguida.

«Llevo muchos días viviendo en este hotel, así que tengo muchas ganas de volver a casa. Pero todavía no... ¡Antes, tenemos que ganar dos partidos más!», le dijo a su madre.

Al inicio de la competición, los compañeros de Lamine habían intentado ayudarle a controlar los nervios. Pero no tardaron en darse cuenta de que el prodigioso extremo de tan solo dieciséis años demostraba una templanza impropia para su edad. Aun así, jugar una semifinal eran palabras mayores.

El partido se retransmitiría en todo el planeta, y la afición española contaba con que no fallarían. A Lamine le encantaba escuchar que hablaran de España como «el equipo del torneo», pero sabía que su juego deslumbrante no serviría de nada si no levantaban el trofeo.

«Tengo que mantener la calma en un momento tan importante...», se dijo Lamine mientras estaba tumbado en la cama.

Durante las últimas semanas había recibido muchísima atención y todavía se estaba acostumbrando a ello. Allí donde fuera, aparecían fotógrafos, periodistas y aficionados persiguiéndole.

Pero, cuando saltaba al terreno de juego, sentía paz. Hizo los ejercicios de calentamiento habituales con sus compañeros y, luego, se unió a un grupo para hacer un rondo, colocándose al lado de su buen amigo Nico Williams.

«Parece que hoy es el gran día, ¿no?», le dijo Nico, con una sonrisa traviesa.

«¿El día para qué?», le preguntó Lamine, confundido.

«¡Para que metas tu primer gol! No has parado de generar ocasiones para los demás. ¡Ahora te toca a ti!», respondió Nico.

Lamine se rio.

«¿Marcar en una semifinal de la EURO?», dijo antes de hacer una pausa para imaginarlo. «¡Bueno, se intentará!», añadió.

De pie en el túnel de vestuarios, levantó la vista justo cuando Kylian Mbappé pasaba a su lado, junto con el resto compañeros de la selección gala. Por un segundo, Lamine recordó el Mundial de 2018, cuando Mbappé era una joven estrella en boca de todos. Lamine tenía entonces solo diez años y estaba viendo el partido con su familia.

Seis años después, Lamine se había convertido en la nueva superestrella, batiendo récords de precocidad y creando jugadas que daban la vuelta al mundo.

Con Lamine y Nico en las bandas, la selección española se había mostrado poco menos que imparable, por lo que llegaba al encuentro como favorita. Pero esas predicciones empezaron a tambalearse cuando Francia se adelantó en el marcador. Todavía quedaba mucho partido por delante, pero Lamine sabía que las cosas se habían puesto muy complicadas. Francia hacía gala de un enorme poderío defensivo, y, ahora, el partido se le había puesto de cara para demostrarlo.

Los aficionados españoles se quedaron mudos. Por su parte, el lateral izquierdo francés Theo Hernández no se separaba de Lamine en la banda derecha.

Pero el equipo español mantuvo la calma. Se hicieron con la posesión del balón y recuperaron el control del partido.

De pronto, un pase terminó en los pies de Lamine, quien se había desplazado al centro desde la banda derecha. De inmediato, Álvaro Morata y Dani Olmo hicieron sendos desmarques. Los defensas franceses fueron tras ellos, por lo que Lamine se encontró con unos metros de terreno libre.

Fingió ir hacia su derecha, engañando al centrocampista que tenía delante. Luego, controló el balón con la zurda. En ese instante, vio un hueco y decidió disparar a puerta. Levantó la vista y vio cómo la pelota describía una curva en el aire.

Lamine contuvo la respiración mientras el disparo superaba la estirada del portero. La pelota impactó en el poste… ¡y se coló en la portería!

¡Gooool!

Los siguientes segundos fueron un torbellino. Salió corriendo hacia la banda, se deslizó de rodillas y se incorporó mientras los suplentes y los entrenadores lo abrazaban.

«¡Qué golazo!», gritó Rodri.

«¡Tenías que ser tú!», dijo Nico, con una gran sonrisa.

El corazón de Lamine seguía latiendo a toda pastilla. Su disparo había devuelto a España al partido. Los jugadores franceses se mostraron atónitos. Incluso Mbappé parecía sorprendido.

Menos de cinco minutos después, Olmo logró el 2-1. Los aficionados españoles ahora cantaban eufóricos. El sueño de la EURO 2024 volvía a estar más vivo que nunca. Pero debían mantener la ventaja. Para Lamine, eso significaba retroceder para ayudar en facetas defensivas y tratar de recuperar el control del balón. Por fin, sonó el pitido final.

Lamine levantó los brazos. Sus compañeros saltaban y corrían a su alrededor, abrazándose. Luego, todo el equipo se dirigió a la zona donde estaban los aficionados para celebrar la victoria con ellos. España había logrado clasificarse para la final de la EURO 2024; Lamine vería cumplido su deseo de cumpleaños.

«¡Hoy hemos visto un gol de genio!», dijo el entrenador Luis de la Fuente en la rueda de prensa posterior al partido.

Mientras Lamine atendía a los periodistas en el túnel de vestuarios, vio la repetición de su gol. Era incluso mejor de lo que recordaba. ¡Qué sensación!

Tras las entrevistas, salió raudo hacia el vestuario español, donde la música y el baile ya habían comenzado.

«¡Creo que esto de ganar me encanta!», pensó para sí mismo.

Aún le quedaban muchos años de fútbol por delante, y creía que estaba donde debía estar, haciendo lo que amaba. El chico del Barcelona estaba destinado a la gloria, y cada vez había menos dudas de ello.

CAPÍTULO 2

UN TEMPRANERO Y PREMONITORIO ENCUENTRO CON MESSI

«¡Mounir, hemos ganado, hemos ganado!», exclamó Sheila con alegría, abrazando a su marido en cuanto cruzó la puerta de casa.

«¿Cómo? ¿A qué te refieres? ¿Qué hemos ganado?», respondió confundido Mounir tras un largo y duro día de trabajo.

¿Habían participado en un concurso o comprado un décimo de lotería esa semana? No. El premio no era dinero, aunque, para un gran aficionado al fútbol como Mounir, era algo quizá incluso mejor.

«El sorteo para el calendario del Barcelona. ¡Hemos ganado! ¡Lamine va a salir en él!», explicó Sheila.

En colaboración con su patrocinador UNICEF (el Fondo de las Naciones Unidas para la Infancia), el Fútbol Club Barcelona estaba organizando un calendario benéfico con fotos de sus grandes estrellas junto con niños locales. Y su pequeño, Lamine, ¡había sido uno de los afortunados elegidos!

De repente, Mounir ya no se sentía tan cansado. De hecho, se sentía en la cima del mundo.

«¡Sííííí, esta es la mejor noticia de la historia!», exclamó, mientras su mente empezaba a llenarse de preguntas, entre las que destacaban especialmente dos:

La primera: «¿Podría ir toda la familia a la sesión de fotos?».

Y la segunda: «¿Con qué jugador compartiría su hijo la sesión de fotos?».

En ese momento (el inicio de la temporada 2007-08), el Barça estaba lleno de estrellas, como los talentosos canteranos del club, Víctor Valdés, Carles Puyol, Xavi Hernández y Andrés Iniesta; el trío atacante estrella del equipo: Deco, Ronaldinho y Samuel Eto'o; y su nuevo fichaje estrella, el delantero francés Thierry Henry.

Pero no, a Lamine no lo emparejaron con ninguno de ellos. En su lugar, le tocó un pequeño y habilidoso delantero argentino, considerado una de las grandes promesas del club.

¿Su nombre? ¡Lionel Messi!

«Es muy bueno y mejora partido a partido. ¡Has sido muy afortunado, hijo!», le aseguró Mounir al pequeño Lamine después de escuchar la noticia.

Cuando llegó el gran día, Mounir, Sheila y su hijo viajaron juntos desde Mataró, la ciudad donde residían, hasta Barcelona para ir al Camp Nou, el enorme estadio donde juega uno de los equipos de fútbol más populares del mundo.

¡Guau! ¡Qué lugar tan impresionante! Mounir y Sheila ya habían visto el estadio desde fuera, pero ahora tendrían la oportunidad de conocerlo por dentro.

Mientras esperaban a que comenzara la sesión de fotos, miraban atónitos a su alrededor ante toda la historia y los héroes famosos que decoraban las paredes. Lamine tan solo tenía cinco meses.

Finalmente, una vez que terminó la sesión de entrenamiento matutina y los jugadores se ducharon y se vistieron, comenzaron a entrar en la sala. Víctor Valdés, Xavi, Puyol, Henry, Eto'o, Deco… y, luego, Messi, con una sudadera con capucha y el pelo largo cayendo sobre los hombros.

«¡Encantados de conocerte!», dijeron Mounir y Sheila, con una gran sonrisa.

Lionel les devolvió la sonrisa, pero era tan tímido que apenas pronunció palabra.

«¿Qué te parece si le das esto al bebé? Mira, aquí tienes un patito de goma con el que puedes jugar», sugirió alguien.

«Vale», dijo Joan Monfort, el fotógrafo, mientras se ponía manos a la obra de inmediato. «Como Lamine todavía es tan pequeño, pensamos en hacer una foto con él en la bañera. ¿Os parece bien?».

Mounir y Sheila asintieron, pero Lionel parecía desconcertado. ¿En serio? Solo tenía veinte años. ¡No sabía cómo sujetar a un bebé, y mucho menos cómo bañarlo!

Al ver el pánico en el rostro del jugador, Joan modificó un poco el plan.

«Sheila, ¿por qué no ayudas a meter a Lamine en la bañera y a que parezca contento? Y tú, Lionel, solo inclínate un poco por el borde y sonríe a la cámara».

Messi asintió. Pronto, la bañera estaba llena de espuma, Lamine reía y el fotógrafo disparaba sin parar.

«Vale, ahora que todos os sentís más cómodos, ¿podríamos hacer algunas fotos solo de Lionel y Lamine?», sugirió Joan al cabo de un rato.

«¡Claro, por favor!» respondieron Mounir y Sheila, que se imaginaban lo orgullosos que se sentirían con las fotos colgadas en una pared de casa: su precioso bebé con una estrella del Barcelona.

Lionel aceptó e incluso sujetó a Lamine en brazos, ¡pero solo después de que le mostraran la manera segura de hacerlo!

Cuando acabó la sesión de fotos, Messi sonrió y se despidió de Mounir, de Sheila y de Lamine. Lionel no podía ni imaginar que acababa de conocer a otra futura estrella del fútbol.

CAPÍTULO 3

LA JOVEN ESTRELLA DE LA TORRETA

Incluso desde ese primer encuentro con Messi, Mounir estaba seguro de que su hijo pequeño iba a ser una superestrella del fútbol. ¿Por qué? No lo podía explicar; simplemente tenía esa sensación, y, cuando Lamine empezó a caminar, luego a correr y después a jugar al fútbol, los demás también comenzaron a intuirlo. Había algo especial en la forma en que se movía, en especial con un balón pegado a su pequeño pie izquierdo.

«¡Eso es, hijo! ¡Menudo goleador!», lo animaba Mounir mientras jugaban juntos en un parque de Mataró.

Cuando Lamine tenía tres años, Mataró ya no era su único hogar. Sus padres se habían separado, y él vivía sobre todo con su madre en un barrio de La Roca del Vallès llamado La Torreta, donde Sheila había conseguido un trabajo en un restaurante.

Al principio, a Lamine no le gustó tener que mudarse de Mataró, pero, por suerte, siempre le quedaba el fútbol.

Cuando no estaba con su padre, practicaba sobre todo solo, hasta que, un día, Sheila conoció a una persona que tuvo una gran idea.

«Si a tu hijo le gusta tanto jugar, ¿por qué no lo apuntas a La Torreta? Es un club de fútbol local donde hay un muy buen ambiente, y yo soy uno de los entrenadores», le sugirió Inocente Díaz.

Eso sonaba interesante y podría ser una buena manera de que Lamine conociera a otros niños de cinco años de la zona y aficionados al fútbol...

Cuando Sheila le contó a su hijo la conversación con el entrenador de La Torreta, Lamine reaccionó todavía con más entusiasmo de lo que esperaba. Sus ojos se abrieron de emoción y empezó a saltar de alegría.

«¡Sííííí! ¡Mamá, déjame jugar, por favor!», exclamó.

¡Lamine estaba a punto de jugar en su primer club de fútbol! No podía esperar para empezar y ponerse a prueba contra otros niños de su edad. Su padre siempre le decía que era bueno, pero ¿lograría impresionar a los entrenadores y ganarse un puesto en el equipo?

¡Sin duda! ¡Lamine lo consiguió de inmediato!

Cuando el niño pisó por primera vez el campo, parecía tan tímido y delgadito que Inocente se preguntó si sería capaz de lidiar con el caos de la vida en La Torreta.

A esa edad, el fútbol consistía sobre todo en niños corriendo por el campo persiguiéndose unos a otros y dando patadas a cualquier cosa. No solo al balón, sino al aire e ¡incluso a las piernas de otros niños!

«¡Ay!».

«¡Oye, me has hecho daño!».

«¡Ha sido sin querer!».

«¡Gooool!».

Sin embargo, tras unos minutos de adaptación, Lamine pronto empezó a divertirse. Cuando tenía el balón en los pies, se transformaba en alguien totalmente distinto: intrépido, seguro de sí mismo y lleno de energía y de habilidad.

«¡Guau! Este niño es especial, ¡tiene magia!», sonrió Inocente para sí mismo, viendo a Lamine regatear sin parar y marcar goles.

En la mayoría de aspectos del juego, el crío superaba con creces a todos los demás niños de cinco años de La Torreta.

¿Pases? En lugar de limitarse a chutar el balón a cualquier sitio, Lamine ya levantaba la vista y hacía pases precisos a sus compañeros.

¿Chutes? En lugar de ceñirse a golpear el balón con todas sus fuerzas, era capaz de mantener la calma y de superar con facilidad a los porteros.

¿Regates? ¡Iba sobrado! En lugar de correr sin parar hasta que alguien lo derribara, utilizaba su habilidad con sorprendente inteligencia para zafarse de los defensas.

Sin embargo, lo que más le impresionaba a Inocente era la actitud del niño. A pesar de ser el mejor jugador del equipo, Lamine nunca alardeaba ni acaparaba el balón. No, era un niño dulce y humilde que simplemente disfrutaba del fútbol y quería seguir mejorando. Siempre que Inocente le daba consejos sobre cómo progresar, Lamine escuchaba con mucha atención... Y, además, aprendía muy rápido.

«¡Habéis descubierto una auténtica joya!», empezaron a comentar todos los entrenadores de La Torreta, e Inocente asintió rebosante de felicidad y de orgullo. Intuía que iban a ser unos años fantásticos para su club… Al menos, mientras pudieran contar con Lamine.

«¡Un día, el Barça vendrá a ficharte!», le decía Inocente a menudo a Lamine mientras charlaban después de las victorias del equipo. No tenía duda alguna.

«No, ¡qué va!», respondía Lamine con modestia, aunque detrás de esa sonrisa tímida lo deseaba con toda su alma.

CAPÍTULO 4

RUMBO A BARCELONA

Y, en efecto, no pasó mucho tiempo antes de que la predicción de Inocente y el sueño de Lamine se hicieran realidad.

Tras una de sus muchas actuaciones decisivas con La Torreta, alguien llamó a la cantera del Barcelona y dijo: «Tenéis que darle la oportunidad a este chaval de que haga una prueba con vosotros. ¡Es un fuera de serie!».

¿La Torreta? Mmm... Eso era responsabilidad de Isidre Gil, el ojeador encargado de esa zona. Isidre ya había leído informes sobre esa pequeña estrella zurda que estaba arrasando en su liga, así que cogió su cuaderno y decidió ir a verlo jugar en directo.

Isidre se mostró expectante, aunque prefería no hacerse muchas ilusiones por el momento. El club recibía llamadas sobre jóvenes talentos continuamente, y, en muchas ocasiones, todo acababa de forma decepcionante.

«Tenéis que venir a ver a nuestra pequeña superestrella, ¡tiene una habilidad asombrosa!», le aseguraban muchas veces a Isidre.

Sin embargo, a menudo, se encontraba con chavales demasiado arrogantes que no sabían cómo ni cuándo pasar el balón.

«Venid a ver a nuestro nuevo defensa. ¡No hay quien le supere!», le aseguraban. Pero, después, resultaba que solo eran muy grandes para su edad y torpes con el balón.

La zona de Barcelona estaba llena de jóvenes talentos, por lo que ¿qué tenía que hacer un niño de seis años para destacar entre la multitud? Buena parte dependía de su habilidad, de su actitud y de su técnica, pero también había algo un poco más difícil de explicar, una sensación especial, como un momento de iluminación, de magia. Para ojeadores como Isidre, esa sensación se experimentaba muy pocas veces... ¿La viviría en La Torreta?

Sus primeras anotaciones fueron esperanzadoras:

Habilidad: ☑ Es rápido y ágil, y presenta un buen equilibrio.

Actitud: ☑ Trabaja infatigablemente para el equipo y nunca se rinde.

Técnica: ☑ Atesora un pie izquierdo mágico para chutar y pasar el balón.

Cada vez que el chico recibía el balón, el interés de Isidre iba en aumento. Para ser tan joven, Lamine se mostraba increíblemente tranquilo y sereno sobre el campo, como si tuviera todo el tiempo del mundo. Además, casi siempre parecía tomar la decisión correcta sobre cuándo pasar, regatear o chutar, algo que, sin duda, era poco habitual en un niño de seis años.

Después de ver a Lamine dar otra asistencia con un centro increíble, Isidre lo tuvo claro.

«¡Guau, este chico es especial!», murmuró para sí.

Era el momento de hablar con la familia del chaval sobre una prueba. Cuando escuchó la gran noticia, Lamine quiso gritarlo a los cuatro vientos, una y otra vez:

«¡VOY A HACER UNA PRUEBA CON EL BARÇA!

¡VOY A HACER UNA PRUEBA CON EL BARÇA!».

Lamine se sentía en la cima del mundo. ¿De verdad estaba ocurriendo? ¿Cumpliría su gran sueño?

¡No tan rápido! Primero tenía que superar la prueba. Intentar rendir bajo presión en uno de los clubes más grandes del mundo sonaba bastante intimidatorio para la mayoría de los chicos, pero no para Lamine. Él no tenía miedo, solo se mostraba emocionado, porque, si jugaba bien e impresionaba a los entrenadores, pronto podría formar parte del mismo club que sus ídolos: Messi y Neymar Jr.

Unos días después, Lamine se desplazó hasta el centro de entrenamiento Joan Gamper para participar en un partido especial para niños de la zona a los que habían reclutado los ojeadores.

Con Jordi Roura, el director de la cantera del Barcelona, observando con atención, ¿quién sería capaz de dar un paso al frente y destacar?

Respuesta: ¡la pequeña estrella zurda de La Torreta! Mientras otros se ponían nerviosos, Lamine recibía el balón y no dudaba en desplegar su magia. Los entrenadores del Barça fueron anotando maravillados sus veredictos:

Control de balón: ☑ Primer toque fantástico, incluso en espacios reducidos.

Velocidad: ☑ Es muy rápido; hace gala de una aceleración endiablada para escapar de los defensas.

Disparo: ☑ Es un rematador excelente desde muchos ángulos distintos.

Además, Lamine se lució repartiendo un montón de asistencias. Cuando el partido terminó, Roura no dudó en que debían hacerle una oferta.

«Has jugado muy bien hoy. ¿Te gustaría fichar por el Barça?», le preguntó el director de la cantera con una sonrisa.

Qué pregunta más simple: ¡por supuesto que sí! Los ojos de Lamine se iluminaron al instante, como si le estuvieran ofreciendo las llaves de una tienda de chuches.

«¡Sí, por favor!», respondió con entusiasmo.

Sheila y Mounir tampoco dudaron en aceptar la propuesta.

Cuando Lamine cumplió siete años, el acuerdo ya estaba hecho y la primera parte de su sueño futbolístico se había materializado. Ya pertenecía oficialmente al mismo club que Messi y Neymar Jr.

CAPÍTULO 5

CURTIÉNDOSE EN ROCAFONDA

Ahora que formaba parte de la cantera del Barcelona, ¿tendría Lamine que andarse con más cuidado y jugar menos al fútbol? ¡Ni hablar! Seguía asegurándose de llevar siempre un balón en la mochila del colegio para poder dar unos toques en cualquier momento, en cualquier lugar y con quien fuera, ¡incluso con sus perros!

Cuando se quedaba con su padre en Mataró, lo que más le gustaba era pasar horas compitiendo contra otros niños en las pistas de su barrio, Rocafonda.

Quizá no fuera el mejor barrio ni el más seguro, pero a Lamine le encantaba porque realmente se sentía como en casa.

Allí estaba rodeado de toda la familia de su padre: primos, tíos, tías y su abuela, Fátima, que había llegado a España en

1988 desde Marruecos, en el norte de África. También contaba con la compañía de muchos de sus mejores amigos.

«¡Eh, mira quién ha vuelto!», decían sus conocidos al verlo por las calles, dándole abrazos y chocando los cinco. «¿Te apuntas a un partido?».

«¡Por supuesto!», respondía Lamine, y juntos se dirigían a la pista del barrio.

El lugar donde jugaban distaba mucho de ser una instalación lujosa. Tenía las porterías oxidadas, las canastas de baloncesto carecían de redes y las paredes estaban llenas de grafitis, pero todo eso daba igual. Lo importante era que Lamine y sus amigos tenían un sitio donde jugar al deporte que más les gustaba.

¡Vamos! En Rocafonda, jugaban al fútbol callejero, un juego que se desarrolla en un campo más pequeño y que requiere mucha habilidad, con muy pocas reglas. De hecho, había prácticamente una sola regla: ¡cuantos más regates y filigranas, mejor!

Sombreros, giros de 360°, rabonas, túneles… Los niños pasaban horas perfeccionando sus habilidades y compitiendo para ver quién podía marcar el gol más espectacular, todos inspirados por la magia de la MSN.

«MSN» era el apodo del nuevo y fantástico tridente del Barcelona. La M era por Lionel **M**essi, el mejor jugador del mundo e ídolo número uno de Lamine. La S, por Luis **S**uárez, el goleador uruguayo. Y la N la ponía **N**eymar Jr., la estrella brasileña que deslumbraba por su asombrosa habilidad.

Juntos, habían marcado una cifra espectacular de goles durante la temporada 2015-16, lo que llevó al Barcelona a conseguir el triplete: la liga española, la Copa del Rey y la UEFA Champions League.

Cada uno de los niños tenía a su jugador favorito, cuyos goles y celebraciones intentaban imitar en el campo de juego, pero todos estaban de acuerdo en quién era el Messi de Rocafonda: ¡Lamine! Su pie izquierdo también era como una varita que repartía magia.

¡PAM! Un pase que partía la defensa y que nadie más había visto.

¡PUM! Un disparo envenenado imposible de atajar para el portero.

¡OLÉ! Un regate imposible tras otro para deshacerse de sus rivales, que solo podían quedarse mirando, atónitos.

Pero, con tantos jugadores en tan poco espacio y sin árbitro, los partidos a veces se volvían bastante intensos y bruscos, sobre todo cuando también jugaban niños más mayores.

Tirones de camiseta, empujones, entradas duras que te mandaban al suelo, una patada en la espinilla, balonazos en la cara... Lamine había aprendido a base de golpes que los mayores no reaccionaban bien cuando los humillaba un chico que parecía tan canijo. Pero los tobillos magullados y las rodillas raspadas nunca le habían impedido jugar al deporte que amaba.

«Solo necesito mejorar», se repetía siempre Lamine.

En realidad, era sencillo: si hacía todo un poco más rápido (regates, pases, disparos, toma de decisiones), los defensas grandes y duros ni siquiera tendrían tiempo de tocarle, ¡y mucho menos de hacerle falta! Ese era el objetivo y, con cada batalla competitiva en las pistas de Rocafonda, Lamine se volvía cada vez más escurridizo. Si se quedaba arrinconado, utilizaba su habilidad para zafarse en un instante, antes de que alguien pudiera empujarle. ¡Olé! Si veía a un rival venir hacia él para hacerle una entrada dura, daba un pase rápido a un compañero, esquivaba al defensa y salía disparado para hacer una pared.

Y si el portero salía volando hacia él, disparaba de primeras, antes de que le derribaran. ¡Gooool!

«¡Genial, Lamine!», solía animarle su mejor amigo, Sohaid, mientras corría a felicitarlo.

Era el momento de su celebración especial. Cruzando los brazos sobre el pecho, levantaban tres dedos de una mano, mientras formaban un cero con el pulgar y el índice, y, luego, cuatro dedos con la otra mano. Juntos, formaban el número «304», los tres últimos dígitos del código postal de Rocafonda.

«¿Me prometes que seguirás haciendo nuestra celebración cuando marques goles con el Barça?», le preguntó Sohaid.

«¡Lo prometo!», respondió Lamine con una sonrisa, y lo decía de corazón.

Todavía le quedaba un largo camino para cumplir su sueño de ser futbolista profesional, pero, por muy famoso que llegara a ser, nunca olvidaría el barrio que había tenido un papel tan importante en su infancia. Aquellos partidos en las pistas de Rocafonda le habían enseñado muchísimo y le habían ayudado a convertirse en un futbolista mejor en el Barcelona, con más magia en sus pies.

CAPÍTULO 6

LA MASIA

Durante sus primeros años en la cantera del Barcelona, Lamine vivía en casa y se desplazaba a los entrenamientos y a los partidos desde el domicilio de su madre en La Torreta o desde el de su padre en Rocafonda. Con ambos padres trabajando mucho, no resultaba una empresa sencilla, pero ya fuera cogiendo el autobús con su padre o con un coche de algún amigo de la familia, Lamine siempre encontraba la forma de llegar a tiempo.

Y, una vez que estaba sobre el campo, era imparable, marcando goles a espuertas:

Un total de **25** goles en la temporada 2014 (15 con el equipo sub-7), **56** goles en 2015 (16 con el sub-8), y **79** goles en 2016 (17 con el sub-9).

¡Guau! Su entrenador, Albert Puig, se quedó impresionado por el nivel de juego de Lamine. En un equipo lleno de jóvenes talentos, Lamine destacaba por encima de todos. Sombreros, gambetas, taconazos... El chico ya contaba con un arsenal completo de regates para desarbolar a sus defensas, y parecía que funcionaban casi siempre.

Puig había entrenado a muchas promesas del Barcelona, como Xavi, Andrés Iniesta y, especialmente, Messi, y Lamine parecía estar hecho de la misma pasta.

«Cuídalo», le dijo Puig al entrenador del sub-10 cuando Lamine ascendió de categoría. «Este chico es de los mejores que he visto nunca».

En las categorías superiores, ¿tendría Lamine dificultades para seguir brillando con tanta intensidad? ¡Para nada! Continuó destacando y marcando goles:

Un total de **70** goles en 2017 (18 con el sub-10), y **71** goles en 2018 (19 con el sub-11).

Goles de todas las facturas: en uno contra uno, de chutes rasos y potentes, de disparos a larga distancia... Pero su definición favorita era encarando desde la banda derecha, cortando hacia el interior y chutando con el pie izquierdo para colocar el balón en la escuadra.

¡Golazo!

Lamine era absolutamente letal ejecutando esa jugada, y hacía que el fútbol juvenil del Barcelona pareciera muy fácil.

En la final de la Media Gol Cup contra su gran rival, el Real Madrid, Lamine controló el balón en el borde del área, lo levantó por encima de un defensa y, luego, disparó con fuerza para batir al portero.

Mientras sus compañeros lo abrazaban, Lamine se quedó allí, sonriendo con calma, como si no le diera trascendencia a lo que acaba de hacer. En la segunda mitad, avanzó con el balón pegado a su pie izquierdo y, a continuación, dio un pase precioso por encima de la defensa para que David Sáez marcara.

¡Espectacular! Quizá subir a la siguiente categoría, el Infantil B, y pasar de partidos de 7 contra 7 a 11 contra 11 fuera el reto que necesitaba.

«¡Qué gusto verte de nuevo!», le saludó Puig a Lamine al comenzar la nueva temporada.

Estaba deseando entrenar al chico por segunda vez. Tres años después, ¿seguiría siendo el mismo jugador que tanto destacaba? De hecho, con doce años de edad, Lamine parecía mejor que nunca, combinando la magia creativa que había desarrollado en las pistas de Rocafonda con las lecciones tácticas que estaba aprendiendo en el Barcelona.

¡Era una fórmula ganadora!

Lamine estaba listo para convertirse en una estrella, pero, para asegurar su progresión, sus entrenadores tuvieron una idea: ¿y si se mudaba a La Masia? La famosa residencia donde habían vivido Messi y muchos otros jóvenes estaba cerrada. Ahora, los canteranos del club vivían en un nuevo y moderno edificio en el centro de entrenamiento Joan Gamper, con su propio instituto anexo. La norma habitual era que los chicos de la zona continuaran viviendo en casa, mientras que los que venían de más lejos se quedaran en la academia. Pero ¿no sería mucho más fácil la vida de Lamine si no tuviera que preocuparse cada día por cómo llegar a los entrenamientos?

Viviendo en La Masia, podría concentrarse por completo en el fútbol y en los estudios, mientras comía de manera saludable y controlaban con precisión cómo progresaba. ¿No sería ese el mejor plan para todos?

«¿Qué opinas, Lamine? ¿Te gustaría venir a vivir a La Masia?», le preguntó Roura, el director de la cantera.

Después de hablarlo con sus padres, la familia de Lamine decidió que era el momento adecuado para dejar su casa. Seguiría viendo a sus amigos y a sus familiares de La Torreta y de Rocafonda tantas veces como quisiera, porque el club le había dado un abono de transporte ilimitado. Pero, a partir de ese momento, también viviría y compartiría su sueño futbolístico con muchos de sus amigos y compañeros del Barcelona, entre los que se encontraban el defensa Pau Cubarsí y el centrocampista Marc Bernal.

«¡Bienvenido!», le dijeron en su primer día en la academia antes de mostrarle su nuevo hogar: las aulas donde se impartían las clases, la cantina donde todos comían juntos y la enorme y cómoda sala común donde podían reunirse para ver la tele o para jugar a videojuegos.

Sin embargo, para Lamine, lo mejor de todo era que, a solo cinco minutos de su dormitorio, estaba el campo donde entrenaba el primer equipo del Barcelona. Sí, su gran sueño, su futuro futbolístico, estaba ahora casi al alcance de la mano.

CAPÍTULO 7

EL MINI MESSI

«¡Vamos! ¡TENEMOS que ganar!», animó David, el capitán del Barça, a sus compañeros mientras se posicionaban en el campo antes del saque inicial.

Estaban a punto de disputar las semifinales del torneo internacional LaLiga Promises 2019, en Nueva York, Estados Unidos. Se enfrentarían al Atlético de Madrid. Su máximo rival, el Real Madrid, los esperaba en la final.

Unas semanas antes, el Real Madrid les había vencido 1-0 en la gran final de LaLiga Promises en España. Ahora, los chicos del Barça buscaban revancha en territorio estadounidense. Su equipo de fútbol siete contaba con Pau en la defensa, Marc y David en el centro del campo, y, en ataque, Landry Farré y Lamine, su gran estrella, con el dorsal 7. Ya era el máximo goleador del torneo, pero ¿sería capaz de liderar a su equipo hacia una nueva victoria?

El Barcelona se adelantó a los tres minutos por mediación de Lamine gracias a un remate sencillo al segundo palo. ¡Tenía que ser él! Después de 20 minutos, volvió a marcar, esa vez con un sutil disparo tras aprovechar un rechace. Era el 4-0; ¡partido finiquitado! ¡El Barça estaba en la final!

Pero Lamine apenas esbozó una sonrisa mientras chocaba los cinco con David, porque sabía que el trabajo aún no estaba hecho. Todavía quedaba ganar el partido más importante de todos: la final contra el Real Madrid.

¡Vamos!

Debido a un férreo marcaje, Lamine no gozó de muchas oportunidades para marcar, pero, aun así, fue clave para la victoria del equipo, ya que generó ocasiones y creó espacios para sus talentosos compañeros. A pesar de que su máxima estrella se quedó sin marcar, ¡el Barça se impuso por un contundente 6-1!

«¡Lo logramos, hemos ganado!», gritó David mientras se abalanzaba sobre Lamine y lo tiraba al césped. Fue una victoria memorable que los chicos del Barcelona nunca olvidarían.

«¡Campeones, campeones, olé, olé, olé!», coreaban mientras saltaban todos juntos.

Para redondear su participación, Lamine logró la Bota de Oro. En Barcelona, conocían su enorme talento desde hacía años, pero, desde entonces, todo el mundo del fútbol empezaba a descubrir a Lamine, o al Mini Messi, como muchos ya lo llamaban.

Sí, era un delantero pequeñito y habilidoso, con una zurda fenomenal. Y sí, jugaba en el Barça… ¡Pero vaya presión! Aunque era un apodo que pesaba mucho, Lamine nunca dejó que eso le afectara. Al fin y al cabo, era un halago que lo compararan con el mejor futbolista del mundo, su ídolo, al que había pasado la infancia intentando imitar en las pistas de Rocafonda. No obstante, poco a poco y a medida que crecía, iba forjando su propia identidad, su estilo personal.

Un mes después de la final, en agosto de 2019, Lamine vio cómo otro joven muy prometedor de la academia debutaba con el primer equipo del Barcelona. Con 16 años y 298 días, el delantero Ansu Fati se convirtió en el segundo debutante más joven de la historia del club. Una semana más tarde, también pasó a ser el jugador más joven en anotar un tanto con el primer equipo. ¡Guau! De repente, todo el mundo hablaba de Fati, al que llamaban «el nuevo Messi».

Fati fue una fuente de inspiración para Lamine, un ejemplo a seguir. Le habría encantado estar en su piel, pero ¡aún era demasiado joven! Y ver triunfar así a un chico con el que vivía en La Masia le demostraba que su sueño podía convertirse en realidad. Solo tenía que seguir trabajando duro, aprovechar cada oportunidad... Y los momentos de gloria seguirían llegando.

¡Gol!

Cuando Lamine recibió el balón al borde del área, superó al primer defensa con un elegante regate. A continuación, hizo lo propio con el segundo mediante una simple finta, antes de lanzar un disparo que se coló por la escuadra.

¡Gol!

A pesar de tener a dos rivales encima, Lamine recurrió a su habilidad para conservar el balón y, luego, metió un pase entre ellos hacia un compañero, que se lo devolvió de pared. Después, ejecutó un disparo de primeras que se coló por la escuadra. ¡Increíble! ¡El chico parecía la reencarnación de Messi!

Más tarde, la pandemia de la COVID-19 provocó que se suspendiera el fútbol de la cantera durante un tiempo. Lamine siguió entrenando mucho en casa. Cuando la situación se normalizó, Lamine aumentó la intensidad de su preparación: pasó a entrenar todos los días de la semana, tanto por su cuenta como con sus compañeros, con sesiones extra centradas en el disparo, en la velocidad y en la condición física.

Era una rutina muy intensa para un chaval tan joven, pero empezó a dar grandes resultados. Con solo trece años, ¡Lamine ya estaba disputando sus primeros partidos con el Barça sub-16!

¿Cómo se las apañaría contra rivales más grandes y fuertes, varios años mayores que él? No tuvo ningún problema en asumir ese nuevo desafío. Encaró el reto con humildad, demostrando sus ganas de aprender, y escuchó con atención todos los consejos que le dio su entrenador, Óscar López.

Lamine estaba decidido a convertirse en el mejor jugador que pudiera llegar a ser, y, durante su segunda temporada, se convirtió en la gran estrella del equipo.

¡Gol!

Lamine controló el esférico de manera espectacular, engañó al último defensa una vez, luego otra, y definió con calma para superar al portero.

¡Gol!

Tras evitar con brillantez caer en fuera de juego, regateó dentro del área, amagó el chute y, a continuación, picó el balón con picardía por encima del portero.

¡Gol!

Cuando llegó el centro desde la izquierda, Lamine se avanzó a su marcador en el segundo palo y remató de volea al fondo de la red.

El nuevo niño maravilla del Barcelona estaba en un estado de forma imparable..., ¡y todavía tenía solo catorce años! Sin duda, era solo cuestión de tiempo que empezara a brillar con el primer equipo.

CAPÍTULO 8

LA PRÓXIMA SUPERESTRELLA DE ESPAÑA (PARTE 1)

Las habilidades de Lamine pronto llamaron la atención de las diversas federaciones y empezó a recibir ofertas para convocarlo, pero ¿por qué país decidiría jugar? Tenía tres opciones:

Guinea Ecuatorial, el país de África Central de donde era originaria su madre.

Marruecos, el país africano de donde procedía su padre.

España, el país europeo donde Lamine había nacido y vivía.

Al final, resultó ser una decisión bastante sencilla. Por mucho que Lamine quisiera a su familia y se sintiera orgulloso de sus raíces africanas, España siempre sería su hogar, y jugar para La Roja, la selección nacional, había sido siempre su sueño, sobre todo desde que había visto por televisión la Copa Mundial de la FIFA 2014 disputada Brasil. En esa edición, Iniesta, Xavi y compañía habían caído eliminados en la fase de grupos, pero España venía de cosechar una increíble racha de éxitos con anterioridad: habían sido campeones de Europa en 2008 y 2012, y campeones del mundo en 2010.

¡Qué honor sería jugar para una selección tan laureada! Así que, cuando David Gordo, el seleccionador sub-16, invitó a Lamine a unirse al equipo para dos amistosos contra Rusia, aceptó ilusionado y vistió la camiseta roja con orgullo. No tardó mucho en dejar su sello. Al inicio del segundo partido, empalmó una volea espectacular que pasó entre las piernas del portero.

¡Golazo!

«¡Qué definición!», lo felicitaron sus compañeros del Barça, Hugo Alba y Pau Prim.

Con tan solo catorce años, ¡Lamine ya se había estrenado como goleador en el panorama internacional!

A pesar de ese inicio espectacular, los seleccionadores decidieron que Lamine no comenzara todavía a jugar con el equipo sub-17. No querían precipitarse con su próxima estrella, y, de hecho, decidieron hacer justo lo contrario: tras otras dos actuaciones impresionantes contra Irlanda y Noruega, optaron por bajar a Lamine a la categoría que le correspondía por edad, la sub-15, para el resto de la temporada.

«¡Genial! ¡Contigo seguro que ganamos todos los partidos!», lo acogió entusiasmado su amigo Pau, compañero en el Barcelona y capitán del equipo.

Y no se equivocó. Lamine mantuvo su magnífico nivel internacional jugando con la selección sub-15: un nuevo gol contra Rusia y una asistencia contra Italia...

En mayo de 2022, España disputó dos partidos en tres días contra Suiza, y Lamine marcó en ambos. En el primer encuentro, salió desde el banquillo para lograr el empate en el último minuto, mientras que, en el segundo, fue titular y se convirtió en el mejor jugador del encuentro.

Cada vez que Lamine tocaba el balón, parecía que algo especial estaba a punto de ocurrir. Al borde del área, se abrió paso regateando a un defensa suizo y, luego, colocó un disparo con su pie derecho, el menos bueno, que se fue rozando el larguero.

Unos minutos después, Lamine se zafó de su marcador y filtró un pase precioso entre cuatro rivales hacia Sergio Vinatea. ¡GOL!

«¡Gracias! Sigo sin explicarme cómo has logrado meterme ese pase…», le comentó el delantero, dándole un gran abrazo.

A Lamine le encantaba crear ocasiones para sus compañeros, pero también quería marcar un tanto. Tras marear al lateral izquierdo suizo una y otra vez, colocó un disparo que superó al portero…, pero un defensa logró sacar la pelota en la misma línea de gol.

¡Nooooo!

Lamine siguió insistiendo. Cuando el balón le llegó cerca del punto de penalti, vio a dos defensas corriendo hacia él para intentar bloquear el disparo. Tenía que pensar y actuar lo más rápido posible. ¿Cómo podría marcar desde una posición tan complicada? ¡Con una vaselina, claro!

Mediante un toque sutil de su pie izquierdo, Lamine elevó el balón por encima de los dos defensas… ¡y del portero!

¡Golazo!

¡Por fin! Desde luego, había merecido la pena esperar. Lamine salió corriendo a celebrar su tanto con una enorme sonrisa en la cara y, después, se deslizó de rodillas hacia el banderín de córner. ¡Qué sensación!

Esa exhibición contra Suiza resultó ser el último partido de Lamine con la selección sub-15. Había llegado la hora de afrontar nuevos retos. Poco después de cumplir quince años, Lamine debutó con la selección sub-17 contra Hungría y... ¡volvió a marcar! Como si fuera el más veterano del equipo, asumió la responsabilidad de chutar un penalti en el último minuto, y anotó con una pasmosa tranquilidad al engañar al portero.

¡Qué fenómeno! Lamine salió disparado a celebrar el tanto con otro de sus míticos deslizamientos de rodillas. Unos días más tarde, en su segundo partido, también dio la asistencia del gol de la victoria contra Portugal con un precioso pase al hueco para Jorge Rajado.

Tras estos dos partidazos, ¡a Lamine lo convocaron para la selección sub-19 una semana más tarde! La joven promesa del Barça había emprendiendo un viaje vertiginoso e imparable hacia la élite, tanto con su club como con su selección.

CAPÍTULO 9

ENTRENAMIENTO CON EL PRIMER EQUIPO

Lamine comenzó la temporada 2022-23 con el Juvenil A del Barcelona, el equipo sub-19 del club. Ya era un gran salto para un chaval que acababa de cumplir quince años, ¡pero estaba a punto de dar uno aún mayor!

Xavi, el entrenador del Barcelona, convocó a un grupo de los jóvenes más talentosos de La Masia para participar en una sesión de entrenamiento del primer equipo a comienzos de septiembre, ¡y Lamine fue uno de los elegidos!

Cuando se unió a los demás jugadores en el campo de entrenamiento, el mismo terreno de juego que tantas veces había mirado a través de las ventanas de La Masia, se encontró rodeado de estrellas famosas:

El portero Marc-André ter Stegen.

Los defensas Jules Koundé, Marcos Alonso y Héctor Bellerín.

El tridente de centrocampistas formado por Sergio Busquets, Frenkie de Jong y Franck Kessié.

Los extremos Raphinha, Ferran Torres y Memphis Depay.

Y Robert Lewandowski, sin duda ¡uno de los mejores delanteros del mundo!

Parecía un sueño, pero Lamine no estaba soñando, y se aseguró de disfrutar de cada minuto, desde los estiramientos y esprints característicos del precalentamiento, hasta los rondos y los partidos al final de la sesión.

Al regresar al vestuario, Lamine se sentía exhausto pero satisfecho con su primer entrenamiento. En lugar de dejarse impresionar por las estrellas, había demostrado toda su habilidad y desparpajo, atreviéndose a regatear a defensas experimentados e incluso a disparar a portería en lugar de pasar siempre a Robert.

«Buen trabajo», le había dicho Xavi al salir del campo.

Lamine se preguntaba si había convencido al entrenador para que volviera a contar con él en próximos entrenamientos. Lo deseaba con todas sus fuerzas.

Lo cierto era que el entrenador del Barça se había quedado alucinado con el desparpajo de Lamine en los entrenamientos. Su técnica, su velocidad, su inteligencia, su calma... ¡Y solo tenía quince años! ¡Vaya prodigio! Ahora, la gran pregunta era: ¿cuál sería la mejor manera de ayudarlo a progresar?

En el pasado, el Barcelona había cometido el error de subir demasiado rápido a jóvenes como Ansu y Pedri al primer equipo, lo que les acabó provocando lesiones graves. Esa vez, Xavi estaba decidido a hacerlo de otra manera, y el club trazó un plan: durante el resto de 2022, Lamine entrenaría con regularidad con el primer equipo, mientras disputaba los partidos con el Juvenil A en la liga española y en la UEFA Youth League.

En la fase de grupos de la UEFA Youth League, contra el Inter de Milán y el Bayern Múnich, Lamine partió como suplente y solo disputó los últimos 15 minutos. Pero, en las rondas eliminatorias, el entrenador, Óscar López, lo incluyó en el once inicial. Jugando abierto en la banda derecha, Lamine desbordó una y otra vez al lateral izquierdo del AZ Alkmaar, lo que generó un sinfín de ocasiones para su equipo, aunque, lamentablemente, ninguna acabó en gol.

Tras recortar hacia el interior, Lamine filtró un pase perfecto para Dani Rodríguez, pero este no logró superar al portero.

¡Qué mala suerte!

En la siguiente jugada, regateó por la banda y puso un pase atrás para la llegada de Víctor Barberá, quien no pudo rematar.

¡Casi!

En la segunda parte, Lamine volvió a perfilarse hacia el interior y soltó uno de sus clásicos disparos con rosca hacia la escuadra, pero el guardameta logró atajar el chute.

¡Por poco!

Más tarde, Lamine hizo una pared con Pocho Román y, acto seguido, puso un centro envenenado al área, pero no encontró a ningún compañero.

El partido terminó con una derrota por 3-0. ¡Qué decepción! En cualquier caso, resultó una buena experiencia de aprendizaje para Lamine, y seguro que quedarían muchas más por delante.

A principios de enero de 2023, el Barcelona se enfrentó al Intercity, de la Segunda Federación, en los dieciseisavos de final de la Copa del Rey, y se rumoreaba que Lamine entraría en la convocatoria. No obstante, Xavi decidió que aún no era el momento adecuado para que la joven promesa debutara con el primer equipo.

«Lamine es un talento y hemos trazado un plan para él», explicó el entrenador del Barcelona a los medios. «Puede triunfar; tiene muchísimas cualidades y espero que esté aquí muchos años».

«Gracias, míster, pero quiero jugar YA», pensó un impaciente Lamine. Tenía su sueño muy cerca, pero, al mismo tiempo, percibía que faltaba un mundo.

Por fin, en abril, Lamine entró en la convocatoria para el encuentro que disputaría el Barcelona en casa contra el Atlético de Madrid. Por primera vez, tenía un dorsal del primer equipo, el 41, y pudo calentar sobre el césped del Camp Nou antes del inicio del partido, delante de toda la afición, entre la que se encontraba su familia. Qué orgullo. Deseaba poder jugar aunque solo fueran unos minutos…

Sin embargo, el enfrentamiento fue muy disputado y Xavi dejó a Lamine en el banquillo los 90 minutos. Tres días después, ocurrió algo parecido en Vallecas, aunque, esa vez, el Barcelona iba perdiendo 2-0 a falta de 30 minutos.

«Entrenador, por favor, ¡sácame, sácame!», rogaba Lamine para sus adentros.

Xavi se decantó por Ansu y Pablo Torre.

Bueno, no pasaba nada. Lamine se centró en el siguiente partido: contra el Betis, en casa. ¿Sería esta la ocasión soñada? Lamine había jugado algunos de sus mejores encuentros precisamente contra el Betis, y estaba claro que Xavi no podía dejarle sentado en el banquillo para siempre.

CAPÍTULO 10

DESTROZANDO LOS RÉCORDS DEL BARÇA

29 de abril de 2023, Camp Nou, Barcelona

«¡Vamos, vamos!», murmuró Lamine desde el banquillo, mientras el Barcelona montaba otro ataque, ya casi al final de la primera mitad. El equipo ganaba 2-0 y controlaba el partido, pero seguro que, cuantos más goles marcaran, más posibilidades tendría de que Xavi le sacara unos minutos.

Tras una serie de pases precisos en el centro del campo, Busquets filtró de repente un balón letal para Raphinha, quien superó al portero con un potente disparo. ¡3-0!

«¡Sí!», celebró Lamine, con una gran sonrisa que le iluminaba el rostro.

A este ritmo, esperaba poder calentar durante el descanso...

Pero los primeros cambios del Barcelona en la segunda mitad fueron Ansu y Marcos en el minuto 59, y, luego, Franck y Ousmane Dembélé en el 73. Solo restaba una sustitución más. Lamine echó un vistazo a su lado; en el banquillo, quedaban dos porteros, dos defensas y también dos atacantes: Pablo y Ferran.

Cuando empezaba a perder la esperanza, escuchó las palabras que llevaba tanto tiempo esperando: «¡Prepárate, entras tú!».

¡Por fin! Mientras se quitaba el chándal y se colocaba las espinilleras, Lamine parecía tan calmado y sereno como siempre, pero, por dentro, estaba hecho un manojo de nervios. ¡Qué emoción! ¡Su sueño se estaba haciendo realidad!

En la banda, su entrenador le dio una palmada tranquilizadora en la espalda y le dirigió unas últimas palabras para aconsejarle.

«Toca unos cuantos balones para coger confianza y, luego, haz lo que sueles hacer. Seguro que todo va genial», gritó Xavi para hacerse oír entre el ruido de la afición del Camp Nou.

«¡Perfecto, gracias, míster!».

Y, mientras Lamine le escuchaba y esperaba, el Barcelona logró marcar de nuevo. ¡4-0! El partido estaba decidido, aunque quedaban 10 minutos por jugar. Era la situación ideal para que un nuevo prodigio hiciera su debut.

«Sustituyendo al número 30, Gavi, entra el número 41... ¡LAMINE YAMAL!».

Con 15 años y 290 días, Lamine se convirtió en el debutante más joven del Barcelona desde Armando Sagi en 1922, antes incluso de que existiera LaLiga. ¡Había logrado un récord sin siquiera haber tocado aún el balón!

Cuando el lateral izquierdo Alejandro Balde le pasó el esférico en la línea de ataque, Lamine hizo exactamente lo que le había indicado su entrenador: uno, dos, tres toques y, luego, un pase sencillo a un compañero. ¡Y, aun así, recibió un gran aplauso de la afición!

¡Bravo!

La segunda vez que recibió el balón, Lamine se limitó a hacer un nuevo pase en corto, pero a la tercera se atrevió a encarar y a regatear a un rival. Aunque acabaron por derribarlo, mantuvo la confianza. Un minuto más tarde, se atrevió a presionar a otro rival cerca del área y le arrebató el balón. Chutó con intención, pero el portero del Betis se estiró y realizó una parada espectacular.

¡Qué cerca! Lamine se llevó las manos a la cara, frustrado, pero enseguida volvió a concentrarse en el partido. Aún quedaban al menos cinco minutos de juego, el tiempo suficiente para seguir creando magia.

Cuando Lamine recogió el balón en el centro del campo, a más de treinta metros de la portería, tuvo que tomar una decisión en una fracción de segundo: ¿disparar, pasar o regatear? A pesar de la presión de estar disputando el partido más importante de su corta carrera, eligió la opción más difícil... ¡y la ejecutó de manera espectacular!

Lamine corrió hacia adelante como si fuera a disparar, pero, con un elegante toque de su pie izquierdo, levantó el balón por encima de la defensa y lo puso franco para la llegada de Ousmane, quien acababa de internarse en el área pequeña. ¡Qué jugada! Se merecía pasar a los anales como la primera asistencia de Lamine en su debut con el Barcelona, pero, por desgracia, Ousmane no controló bien el balón, que se desvió hacia el portero rival.

El pitido final sonó unos minutos después, y Lamine sonrió satisfecho. Lo había conseguido: había jugado su primer partido con el primer equipo del Barcelona y, en apenas 10 minutos sobre el campo, había demostrado lo peligroso que podía ser y su polivalencia como delantero, incluso frente a defensas experimentados. Y todo con tan solo quince años.

Mientras Lamine recorría el campo después del partido, saludaba a sus rivales y aplaudía a los aficionados, todas las estrellas del Barcelona que se cruzaban con él lo felicitaban.

«¡Bienvenido al equipo!», le dijo Busquets, el maestro del centro del campo culé mientras le daba un abrazo.

«¡Bien jugado, chaval, has estado brillante!», comentó el legendario lateral izquierdo Jordi Alba.

Pero el mayor elogio de todos vino de su entrenador en la rueda de prensa posterior al partido.

«Es especial», respondió Xavi cuando le preguntaron por el rendimiento de Lamine. «Ha jugado con confianza y ha demostrado de qué es capaz. No conoce el miedo y tiene muchísimo talento. Algunos de sus pases en el último tercio del campo han sido realmente buenos».

Y, cuando le preguntaron si Lamine podía compararse con las dos últimas promesas del Barcelona, Messi y Ansu, Xavi no dijo que no, ni que fuera «demasiado pronto para saberlo». Ni siquiera intentó esquivar la pregunta por completo. ¡Dijo que sí!

¡Qué increíble oír eso de tu entrenador! Esa noche, Lamine estaba eufórico cuando llegó a La Masia, pero, al día siguiente, volvió al campo de entrenamiento y trabajó con la misma intensidad que siempre.

Aunque Lamine no volvió a jugar con el primer equipo durante la temporada 2022-23, consiguió su primer trofeo. A finales de mayo, el Barcelona se coronó campeón de LaLiga, pero, por desgracia, tuvo que perderse la gran entrega de trofeos y el posterior desfile en el autobús descapotable. ¿Por qué? Porque Lamine estaba ocupado brillando con la selección de España en la Eurocopa sub-17 de la UEFA en Hungría.

CAPÍTULO 11

LA PRÓXIMA SUPERESTRELLA DE ESPAÑA (PARTE 2)

«¡Esto parece un viaje de la cantera del Barça!», bromeó Lamine mientras miraba alrededor del avión y veía tantas caras conocidas. Estaban el lateral derecho Héctor Fort, los dos Paus (Cubarsí y Prim, uno defensa y el otro centrocampista), además de Marc Guiu y Juan Hernández en ataque. Esa vez, en lugar de jugar con su club, las jóvenes promesas del Barcelona se dirigían a jugar con España.

«¡Vamos!».

Lamine estaba impaciente por el inicio del Campeonato de Europa sub-17. Muchas futuras estrellas habían brillado en este torneo en el pasado: Toni Kroos, Eden Hazard, Isco y, más recientemente, Phil Foden, Jadon Sancho o Warren Zaïre-Emery. ¿Sería Lamine el siguiente? ¡Ese era su objetivo!

Con tanto talento en su plantilla, España llegaba al torneo como una de las favoritas para levantar el trofeo, pero no sería fácil. Para alcanzar la final, tendrían que superar a muchas otras selecciones de primer nivel, entre las que se encontraban Alemania, Francia e Inglaterra.

Sin embargo, Lamine y sus compañeros no miraban a largo plazo; querían ir partido a partido, empezando por Italia.

Tras 15 minutos iniciales de ida y vuelta, Italia logró adelantarse en el marcador, pero España no tardó en reaccionar. Desde la banda derecha, Lamine utilizó su velocidad y su habilidad para internarse en el área y centrar el balón al área pequeña hacia Marc. Pero el portero rival logró atrapar el balón.

«Mala suerte, buena jugada», los animó su entrenador, Julen Guerrero, desde la banda. «¡Seguid así y los goles llegarán!».

Y así fue. Al inicio de la segunda mitad, Marc empujó el balón para marcar el empate, y, 20 minutos después, volvió a marcar con un disparo desde lejos para amarrar la victoria.

«¡Sííííí!», gritó Lamine, mientras levantaba los brazos al aire y se unía a la celebración del equipo. Estaba encantado por Marc, pero él también quería marcar.

En el segundo partido, España se enfrentó a Eslovenia y fue una victoria que llegó gracias al esfuerzo colectivo. Primero, Pau realizó un valiente bloqueo en defensa; luego, Marc marcó con un potente remate de cabeza; más tarde, Óscar Mesa anotó con un disparo con rosca por la escuadra; y, por último, Lamine sumó el tercer gol desde el punto de penalti.

Con una enorme sonrisa iluminándole la cara, Lamine saltó y golpeó el aire con el puño. ¡Por fin se había estrenado como goleador! Con dos victorias en dos partidos, España ya estaba clasificada para las rondas eliminatorias.

Como era importante terminar primeros de grupo, Julen Guerrero mantuvo al equipo titular en el último encuentro de la fase de grupos. Solo necesitaban un empate y, quizá por eso, no estaban jugando a su mejor nivel... Hasta que, mediada la segunda parte, Serbia se adelantó por sorpresa.

¡Oh, no!

¿Podría España reaccionar? Sí. Con el tiempo agotándose, Lamine recibió el balón en la banda derecha, se metió hacia dentro sorteando al defensa y, con un latigazo de su pie izquierdo, colocó un disparo imparable en la escuadra. ¡1-1!

¡Golazo! Era el típico gol que Lamine había marcado cientos de veces en los equipos juveniles del Barcelona, pero ese, sin duda, fue especial.

«¡Genial, crack!», lo felicitó Marc, saltando sobre su espalda.

Al quedar primera de grupo, España se enfrentó a la República de Irlanda en los cuartos de final, y fueron a por la victoria desde el inicio del encuentro. Lamine asistió en el primer gol a Alejandro Granados. Más tarde, anotó el tercer tanto tras colarse entre dos defensas y disparar raso. ¡Gooool!

«¡Tío, siempre lo clavas! ¡Nunca fallas desde esa posición!», le dijo Juan mientras se abrazaban.

Lamine estaba cuajando un torneo excelente hasta el momento, pero sabía que le esperaban retos más complicados, empezando por Francia en semifinales. Tras avanzar en la fase de grupos por diferencia de goles, la selección gala acababa de vencer a Inglaterra en los cuartos. Sin ninguna duda, iba a ser un rival difícil.

La primera mitad finalizó sin goles, pero ¿quién podría ser capaz de cambiar el rumbo del partido? ¡El número 10 de España, por supuesto!

Con sus atrevidos regates y sus centros medidos, Lamine era el jugador más peligroso. Pero ¿lograría encontrar un hueco en la defensa francesa para adelantar a su equipo?

Casi lo logra en el minuto 65, pero, tras una carrera fulgurante, Lamine se complicó en el momento crucial y el portero detuvo el balón. Unos minutos después, volvió a hacerse con el esférico y a crear más magia. Desde la banda derecha, recortó hacia dentro como de costumbre. Esa vez, los defensas franceses llegaron tarde para cerrarle el paso.

¡ALERTA, PELIGRO!

«Esta es la mía», pensó Lamine, y, con otro latigazo de su pie izquierdo, envió un disparo con efecto que se coló en la escuadra. ¡1-0 para España!

¡Golazo!

«¡Lo has vuelto a hacer! ¡Eres increíble!», gritó Héctor, mientras todo el equipo lo celebraba junto al banderín de córner.

Sin embargo, apenas cuatro minutos después del golazo de Lamine, Francia empató tras un saque de esquina y, de repente, el equipo galo se hizo dueño del encuentro. Los defensas españoles, agotados, no podían detener a los jugadores franceses.

En primer lugar, el extremo Yanis Issoufou se coló al segundo palo y marcó tras un centro. ¡2-1!

Y, más tarde, cuando España avanzó sus líneas buscando el empate, Francia montó un contraataque que acabó con un gol de Tidiam Gomis. ¡3-1!

Lamine no podía creérselo. ¿Cómo había podido suceder? Solo 20 minutos antes, su equipo iba ganando, ¡y ahora estaban fuera del Europeo! Tendido sobre el césped, empezó a llorar con las manos tapándose el rostro.

Después de una ascensión meteórica, esa fue la primera experiencia de fracaso para Lamine, y le dolió mucho durante las semanas siguientes. Pero, con el tiempo, logró valorar el torneo de forma más positiva. Con cuatro goles magníficos y dos asistencias, había cumplido con creces con su reputación de estrella en ciernes de España. Además, siempre se puede aprender mucho de las derrotas.

Era el momento de mirar hacia el futuro y de afrontar su próximo gran desafío: lograr hacerse un hueco en el once titular del Barcelona.

CAPÍTULO 12

EL PARTIDO DEL TROFEO JOAN GAMPER

8 de agosto de 2023, Estadi Olímpic Lluís Companys, Barcelona

Para los jugadores del primer equipo, los partidos de pretemporada quizá no sean muy importantes, pero, para los jóvenes, es otra cosa muy distinta. Un par de actuaciones destacadas pueden catapultar su carrera. En el caso de Lamine, podrían hacerle saltar a la titularidad.

En la pretemporada del Barcelona en Estados Unidos de finales de julio, había participado en dos de los tres partidos, aunque solo unos minutos. En concreto, 15 minutos contra el Arsenal, y, luego, 30 contra el AC Milan.

¡No era suficiente! Lamine quería más, pero no era el único atacante del Barcelona con idénticas pretensiones.

Lo mismo le pasaba a Ferran, a Ansu y a Abde Ezzalzouli. Con Robert, Ousmane y Raphinha formando el trío titular, simplemente no había espacio para que todos los demás delanteros brillaran.

Lamine volvía a formar parte de los suplentes en el partido del trofeo Joan Gamper, disputado en agosto. El Joan Gamper se venía celebrando cada verano desde 1966 como antesala a la temporada y, en esa edición, el rival sería el Tottenham.

Cuando Robert marcó a los tres minutos, parecía que el Barcelona se impondría con comodidad, pero, al descanso, el Tottenham había dado la vuelta al marcador y mandaba por 1-2. La segunda mitad avanzaba y el Barça no lograba darle la vuelta al partido, por lo que Xavi decidió hacer un triple cambio ofensivo en el minuto 60.

Saltaron al campo:

Ferran por Robert.

Ansu por Gavi.

Y… Abde por Raphinha.

Lamine tendría que seguir esperando su oportunidad. Pero, 20 minutos después, el Barcelona seguía perdiendo y Xavi decidió que era el momento de dar entrada a su último atacante.

«Toca el balón y sé valiente», le dijo Xavi a Lamine mientras esperaba en la banda.

«Sí, eso pienso hacer», pensó para sí mismo la joven promesa.

En 2005, un precoz Lionel Messi había saltado a la fama en el partido del Trofeo Joan Gamper contra la Juventus. Ahora, era el turno de su heredero.

Lamine salió a toda velocidad, luciendo su nuevo dorsal, el número 27, y, en menos de un minuto, ya había dado la asistencia del gol del empate.

Jules envió un balón largo por la banda derecha y Lamine salió disparado hacia la portería, dejando clavado al lateral izquierdo del Tottenham, Sergio Reguilón. Al entrar en el área, Lamine levantó la vista y vio cómo le iba a encimar un defensa inglés..., pero también vio a Ferran esperando en el centro.

Lamine puso un centro perfecto con el exterior de su pie izquierdo, y Ferran no desaprovechó el regalo. ¡2-2!

«¡Qué pase!», gritó Ferran mientras abrazaba a Lamine.

Pero el espectáculo de Lamine no terminó ahí. Cada vez que recibía el balón, aterrorizaba a los defensas del Tottenham con su habilidad y con sus cambios de ritmo.

La única forma de pararlo era haciéndole falta, y, muchas veces, ni siquiera podían hacerlo.

«¡Olé, olé!», coreaban los aficionados del Barcelona, que estaban disfrutando cada segundo.

¡Su prodigio local había saltado al campo y había cambiado por completo el partido!

Después de engañar a Reguilón con un giro elegante, Lamine pasó el balón hacia dentro para que llegara hasta Ferran, que se la envió a Ansu, quien disparó con fuerza al ángulo inferior.

¡3-2!

Y Lamine todavía no había terminado. En el tiempo de descuento, protagonizó una nueva internada y filtró un pase a Fermín López, quien centró a Abde.

¡4-2!

¡El niño prodigio lo había conseguido! Lamine llevaba menos de 15 minutos en el campo y había sido clave en la ejecución de los tres goles.

«¡Estás muy inspirado esta noche! Lo único que te falta es anotar un gol», le dijo Fermín con una sonrisa mientras volvían juntos al centro del campo.

Lamentablemente, no le dio tiempo, pero Lamine remató su excelente noche con un trofeo en las manos. No fue el premio al Jugador del Partido, que se lo llevó Frenkie, sino el auténtico Trofeo Joan Gamper.

Cuando por fin le llegó su turno, Lamine besó la reluciente copa dorada y la levantó bien alto.

«¡Podría acostumbrarme a esta sensación!», pensó Lamine con una sonrisa.

Tras haberse perdido las celebraciones del título de liga en el mes de mayo, esa vez apareció en la foto de la formación ganadora, entre Sergi Roberto y Marcos Alonso. ¡Ya era una estrella del Barça! Aun así, Lamine no se dejó llevar por la euforia en ningún momento.

«Estoy contento de poder seguir sumando minutos con esta camiseta y de celebrar la victoria del equipo», publicó con humildad en sus redes sociales, donde cada vez contaba con más seguidores.

Además, los aficionados no eran los únicos que empezaban a admirar su juego.

«Lamine Yamal hace soñar al Barcelona tras su espectacular cameo contra el Tottenham», titulaba Marca, el diario deportivo más popular de España.

La eclosión de Lamine no pudo haber sido más perfecta. Apenas cuatro días después, el PSG pagó la cláusula de rescisión de 50 millones de euros de Ousmane, y el Barcelona no pudo hacer nada por retenerlo. Por lo tanto, quedaba un hueco en la posición derecha del trío de ataque (la posición favorita de Lamine), y no había dinero disponible para fichar a un sustituto de renombre.

A principios del verano, Xavi podría haberse mostrado preocupado ante tal contratiempo, pero ese partido del Gamper lo cambió todo. Porque, a pesar de su edad y de su falta de experiencia, Lamine había demostrado que estaba preparado para dar un paso al frente y ser titular en el Barcelona.

CAPÍTULO 13

EL FAVORITO DE LA AFICIÓN

Tumbado sobre el campo de entrenamiento mientras se preparaba para otra tanda de carreras, Lamine veía con claridad la oportunidad que tenía delante. Faltaban apenas unos días para que empezara la nueva temporada y todo el mundo tenía algún consejo que darle. Incluso recibía sugerencias de amigos que casi nunca lo habían visto jugar.

«No te metas demasiada presión».

«Asegúrate de demostrarles a los entrenadores las ganas que tienes de ser titular».

«Marca algún golazo en los entrenamientos y tendrán que ponerte en la banda».

«Llévate bien con tus compañeros».

«¡Va a ser increíble ir a verte jugar esta temporada!».

Hubiera sido muy fácil para Lamine dejarse llevar por todo el bombo y por las expectativas. Al fin y al cabo, ¡era un chico de dieciséis años viviendo un sueño! Pero Lamine recordó el mejor consejo que había recibido: «sé tú mismo».

No iba a cambiar porque su carrera fuera tan precoz. Iba a ganarse un lugar en el equipo a base de trabajo duro. Los entrenadores lo estaban observando de cerca y sabrían cuándo había llegado su momento.

Lo mejor de todo era que le encantaba trabajar con Xavi. Para Lamine era un gran alivio tener un entrenador que entendiera lo que suponía para los jugadores jóvenes formar parte del club.

Antes de convertirse en una leyenda del Barcelona, Xavi había llegado a La Masia con once años y había ido ascendiendo por todos los equipos juveniles.

«Debuté en LaLiga cuando tenía dieciocho», le contó a Lamine una mañana. «Sentí mil emociones y, desde luego, no era ni de lejos tan valiente como tú».

Lamine sonrió mientras escuchaba las historias de Xavi de la época en la que jugaba con Ronaldinho, con Thierry Henry y, por supuesto, con Messi.

Entonces, apenas unos días antes del partido del Barça contra el Cádiz, uno de los entrenadores le dijo a Lamine que Xavi quería verle en su despacho.

¿Qué querría decirle? Lamine subió las escaleras mientras por su cabeza pasaban un montón de distintas posibilidades, algunas buenas, otras no tanto.

Sin embargo, la sonrisa en la cara de Xavi hizo que Lamine se relajara al instante. No parecía que estuviera metido en ningún lío.

Se sentó en la silla frente a su entrenador y deseó que Xavi no pudiera oír los latidos de su corazón retumbando en su pecho.

«Vas a ser titular contra el Cádiz», dijo Xavi, sonriente al ver cómo se iluminaba la cara de Lamine. «Tenemos que cuidarte, pero creo que estás listo. Juega como lo haces cada día en los entrenamientos y todo irá bien».

Lamine podría haber bajado dando saltos por el pasillo de vuelta al campo de entrenamiento.

Después de recibir esa noticia, la espera se le hizo eterna. En casa, no podía quedarse quieto, y el estómago le daba vueltas cada vez que pensaba en el partido.

«Es normal sentir nervios y emoción. Siempre te pasa antes de un gran partido, pero, luego, te tranquilizas cuando estás sobre el campo», intentó calmarlo su madre.

Fue un alivio cuando, por fin, llegó la hora de ir al estadio. Su madre tenía razón. Empezó a tranquilizarse cuando comenzó a pasar el balón en un rondo con Pedri y Gavi, que sabían lo que era debutar con el primer equipo del Barcelona siendo jóvenes.

«Disfruta ahí fuera. Demuestra a todos de lo que eres capaz», le recordó Pedri.

Lamine trató de asimilar la situación. Era una lástima no poder jugar en el Camp Nou, pero las obras en el famoso estadio del Barcelona todavía no habían terminado. Aun así, el público animaba sin parar.

Cuando anunciaron la alineación inicial por los altavoces del estadio, su nombre fue recibido con una de las mayores ovaciones.

«¡Allá vamos!», pensó Lamine mientras veía cómo los capitanes caminaban hacia el círculo central para el sorteo de campo.

Cuando empezó el partido, Lamine sintió que tenía alas, y los defensas del Cádiz retrocedieron tras su primera carrera.

Sus compañeros vieron que Lamine volaba por la banda y le mandaron el balón una y otra vez para iniciar los ataques. A veces, lograba desequilibrar al lateral con un ligero movimiento o con un rápido regate. Otras veces, intentaba sorprender a los defensas con un centro rápido hacia Robert.

En una de sus carreras con el balón, Lamine trató de superar al defensa y salió disparado para alcanzar el esférico antes de que saliera del terreno de juego. El defensa, consciente de que no podía llegar hasta él, lo empujó por la espalda. Lamine cayó, pero el árbitro no pitó la falta.

Eso solo hizo que Lamine se mostrara aún más decidido. Siempre había sido bueno presionando a los rivales para recuperar el balón, y, cuando un pase quedó suelto en el borde del área del Cádiz, no lo dudó ni un segundo.

Lamine salió raudo a por la pelota y dejó al defensa en el suelo. De repente, se plantó solo ante el portero. Solo tenía que superarlo.

Lamine aceleró y colocó un disparo raso con su pierna izquierda, como había hecho tantas veces en los entrenamientos, apuntando a la esquina inferior. Casi había empezado a correr para celebrar el tanto cuando el portero estiró el brazo y desvió el disparo a córner.

Lamine se llevó las manos a la cabeza. ¡Por qué poco!

Los aficionados estaban disfrutando con el juego de su nueva estrella. Cada vez que Lamine controlaba el balón, se escuchaba un murmullo de expectación.

El Barcelona solía jugar a un ritmo más lento, manteniendo la posesión y elaborando los ataques poco a poco. Lamine también podía jugar así, pero siempre buscaba oportunidades para despuntar.

En la segunda mitad volvió a zafarse de su marcador y soltó otro disparo. El portero consiguió repeler el balón y ningún compañero del Barcelona estuvo cerca para aprovechar el rechace. ¡Aaah!

Al final, Pedri logró el tanto que daba ventaja al Barça, y Lamine se sumó a las celebraciones entre muchas caras de alivio.

A cinco minutos del final del encuentro, el cuarto árbitro mostró el tablero para indicar un cambio, y Lamine vio que era su número. No quería que su sueño acabara, pero recordaría ese partido toda su vida.

Mientras caminaba hacia la banda, Lamine no podía ocultar una enorme sonrisa en la cara. La multitud empezó a aplaudir, cada vez más fuerte. Miró hacia arriba y vio a los aficionados de todo el estadio en pie, ovacionándole.

La afición culé sabía reconocer a los buenos jugadores, y Lamine ya se la había metido en el bolsillo.

CAPÍTULO 14

UN CHAVAL HUNDE EL SUBMARINO

27 de agosto de 2023, Estadio de la Cerámica, Villarreal

Lamine no pensaba conformarse con un buen partido. De hecho, ya estaba centrado en el siguiente encuentro y entrenando más duro que nunca.

«Cuando te compenetres mejor con Robert y con Raphinha, vais a hacer que los defensas tengan pesadillas», le dijo Xavi a Lamine mientras comentaban la táctica para el tridente ofensivo del Barcelona.

Lamine sonrió. Pensaba exactamente lo mismo. Robert era letal dentro del área. Y, por si eso fuera poco, el equipo disponía ahora de dos extremos con mucho talento para generar ocasiones de peligro por ambas bandas.

Lamine esperaba que los entrenadores y los fisioterapeutas estuvieran de acuerdo en que no había ningún impedimento para que siguiera el intenso ritmo de trabajo que marcaba el club.

«Tienes que ser consciente de que solo tienes dieciséis años y de que aún estás creciendo», le repetían a menudo.

Lamine lo entendía, pero no quería perderse ni un partido.

Respiró aliviado cuando Xavi volvió a elegirlo para ocupar la banda derecha en el partido que jugarían en el campo del Villarreal. Lamine había visto jugar al Villarreal muchas veces y conocía bien su apodo: el Submarino Amarillo.

«Podrán ser un submarino, pero, esta vez, los hemos visto venir», bromeó Lamine.

Esta nueva prueba era distinta. En lugar de saltar al campo entre aplausos, Lamine saltó al terreno de juego entre una lluvia de abucheos y un mar de camisetas amarillas en la grada. Aun así, estaba preparado para el reto.

No tardó mucho en silenciar a la afición local. Controló un pase cerca de la línea de banda y, con tiempo para pensar, levantó la cabeza y vio a sus compañeros entrando al segundo palo. Puso un centro con rosca perfecto, lejos del alcance de los defensas y del potero rival. En cambio, el balón trazó una trayectoria milimétricamente calculada hasta Gavi, que apenas tuvo que saltar para cabecear el esférico a la red.

«¡Me lo has puesto facilísimo! ¡No podía fallar!», le dijo Gavi a Lamine, mientras sonreía y le pasaba un brazo por los hombros.

Pero, entonces, el partido dio un vuelco. El Barça desperdició una ventaja de 0-2, y la afición del Villarreal se envalentonó cada vez más con la remontada de su equipo.

«¡Espabilad, chicos! ¡No podemos seguir jugando así!», gritó Xavi desde la banda.

Lamine sabía que Xavi tenía razón. El 3-3 que reflejaba el marcador hacía que ambos equipos atacasen sin descanso... y eso dejaba mucho espacio para las contras del Barcelona.

A la joven perla blaugrana aún le quedaba energía, y sabía que el equipo lo necesitaba.

«¡Metedla al espacio!», gritó mientras señalaba el terreno que tenía por delante.

El pase llegó justo a tiempo y Lamine no lo dudó. Condujo el esférico hasta el área, donde dejó a un defensa clavado como una estatua. Armó un disparo raso y vio cómo el balón golpeaba en el poste. Contempló la escena decepcionado, pero, entonces, apareció Robert, que estiró la pierna y empujó el rechace a la red.

«¡Sí!», gritó Lamine, con un gran salto en el aire.

¡3-4!

Robert se giró para señalar a Lamine.

«¡Juegas como si llevaras años en el primer equipo!», le dijo, dándole una palmada en la espalda.

Mientras Lamine se recuperaba del esfuerzo en el vestuario, observó la camiseta del Barcelona que acababa de quitarse; toda aquella aventura seguía pareciéndole poco menos que un sueño.

Pero esa camiseta, con YAMAL 27 en la espalda, era la prueba de que no estaba soñando.

Se levantó y se acercó al espejo para arreglarse el pelo. Su reflejo le hizo detenerse un instante. Acababa de enfrentarse a algunos de los defensas más rudos de la liga, pero el espejo reflejaba el rostro de un chaval con bráquets en los dientes y con una tímida sonrisa.

Robert se puso a su lado y pareció leerle la mente.

«Aún eres un crío, pero, en el campo, ¡te comportas como un hombre!», le dijo.

CAPÍTULO 15

LA ESTRELLA DE LA ROJA

Lamine estaba tratando de asimilar el inicio de cuento de hadas de su carrera en el Barcelona.

Todo el mundo había halagado sus actuaciones ante el Cádiz y el Villarreal, y su sonriente rostro parecía estar en todos los periódicos y en la mayoría de los programas deportivos de televisión.

Lo mejor de todo era que, sin ningún tipo de duda, se sentía parte del equipo, y jugaba lo bastante bien como para mantener su puesto, aunque tuviera la mitad de la edad que algunos de sus compañeros.

«No tengo miedo de confiar en los jóvenes», había repetido Xavi a los periodistas una y otra vez, y lo estaba demostrando con creces.

«¡Las cosas no pueden ir mejor!», dijo Lamine cuando se reunió con su padre para comer y disfrutar de un merecido descanso.

Pero se equivocaba.

Al día siguiente, ¡todavía mejoraron más! Una llamada le anunció que lo habían convocado para jugar con la selección absoluta los partidos contra Georgia y Chipre.

«¿Seguro que no es con la sub-21?», preguntaron sus amigos.

Estaban listos para montar una gran fiesta para Lamine, pero querían asegurarse de haber entendido bien la noticia.

«Sí, seguro», respondió Lamine, aunque todavía le costaba creérselo. «El entrenador De la Fuente me llamó y la convocatoria se anunció esta tarde».

Todos se apresuraron a mirar sus teléfonos. ¡Ahí estaba! Uno de los últimos nombres de la lista:

Lamine Yamal (Barcelona).

Se quedaron mirándolo un segundo. Luego, comenzaron a saltar, a abrazarse y a despeinar a Lamine de la emoción. Toda su familia quería hablar con él. Le entraron tantas llamadas y mensajes que no daba abasto.

Una vez que la sorpresa y la emoción se diluyeron un poco, comenzaron a rondarle algunas preguntas inquietantes por la cabeza.

¿Qué les diría a los demás jugadores?

¿Y si pensaban que no merecía estar allí?

¿Estaba realmente preparado para semejante reto?

Pero recordó que no sería el único jugador del Barcelona en la convocatoria. A Gavi y Balde también los habían convocado.

Todavía le temblaban las piernas cuando llegó a la convocatoria de la selección. Algunos miembros del personal de la Federación se le acercaron para estrecharle la mano y para transmitirle algunas instrucciones para los próximos días. España tenía dos partidos en cuatro días, y todo estaba bien planificado.

Cuando el personal de la selección le condujo hasta una gran sala de reuniones, Lamine tragó saliva. Muchos jugadores ya estaban allí, y todas las miradas se volvieron hacia la puerta cuando entró.

Lamine se dio cuenta enseguida de que no había motivo para estar preocupado. Pudo sentir que todo el mundo trataba de que se sintiera a gusto. Los jugadores más veteranos entendían que se trataba de un momento especial para un chico de dieciséis años, y los entrenadores procuraban que no se sintiera solo ni que echara de menos su casa.

Había muchos jugadores a los que Lamine había visto numerosas veces por televisión, y con los que, ahora, ¡compartiría vestuario! César Azpilicueta, veterano de la selección, se sentó junto a Lamine en la comida y se interesó por su estado de ánimo.

«Tu cabeza debe de estar dando vueltas después de todo lo que te ha pasado en los últimos meses. Pero tranquilo; tienes mucho talento. Todos estamos deseando verte jugar», le dijo César.

Lamine pasó la mayor parte del tiempo con los jugadores más jóvenes, entre los que se encontraba Nico Williams, con el que congenió rápidamente, a pesar de haber entrenado juntos solo un día. Pensaba en lo que le había dicho César: iba a disfrutar de cada momento de esa experiencia con España, pero también quería demostrar a los entrenadores de lo que era capaz.

Demostró su habilidad en los entrenamientos, desbordó a algunos de los mejores defensas de España y sorprendió a sus compañeros más veteranos con su entrega y trabajo. ¡Formar parte de la selección era increíble!

Vio cómo algunos de los veteranos intercambiaban miradas entre ellos.

Parecían impresionados.

«¡Guau, ya había visto algunas de sus actuaciones, pero este chico es una auténtica estrella!», exclamó Morata después de que Lamine dejara a dos defensas en el suelo.

Pero el que lo resumió mejor fue el entrenador De la Fuente.

«Parece bendecido por una varita divina», dijo a los periodistas. «Nos fijamos en la calidad del jugador, no en la edad. Está listo para competir al más alto nivel».

Lamine comenzó el encuentro ante Georgia en el banquillo como suplente. Al mirar el escudo de España en su camiseta, se sentía simplemente feliz de estar allí con la selección, aprovechando la oportunidad para observar y para aprender de todos sus compañeros.

Pero, cuando Dani Olmo se lesionó antes del descanso, el entrenador De la Fuente se giró y le señaló.

«¡¿Yo?!», pensó Lamine en voz alta.

El entrenador asintió y uno de los preparadores le hizo señas para que calentara lo más rápido posible.

Ni siquiera tuvo tiempo para ponerse nervioso. Lamine se quitó el peto amarillo, se puso las espinilleras y atendió a unas rápidas instrucciones.

España ya iba ganando, así que era el partido ideal para debutar. Los jugadores de Georgia parecían cansados, y Lamine se sintió aún mejor tras unos toques precisos en los primeros compases del encuentro. Al igual que en el Barcelona, contagió al juego de la selección con su electricidad.

Siempre buscaba un pase entre líneas o giraba para encarar a un lateral. Cuanto más lo hacía, más espacios se abrían en el centro del campo.

La lluvia caía a cántaros, pero a Lamine eso no le importaba. De algún modo, le ayudaba: los defensas resbalaban y les costaba seguirle el ritmo con su velocidad y sus movimientos.

Incluso con un marcador de 6-1, Lamine no dejó de correr. Cada vez que Nico conducía el balón por la otra banda, Lamine se lanzaba hacia delante para apoyarlo; era uno de los pocos jugadores en el campo que podía seguirle el ritmo.

España lanzó un nuevo ataque por la banda opuesta y Lamine vio otra oportunidad para internarse en el área y generar peligro, así que arrancó a correr mientras Nico se deshacía de uno de los defensas.

Nico centró hacia atrás y Morata, en el primer palo, no pudo rematar. Pero ahí estaba Lamine. Con un disparo de primeras superó al portero. ¡Goool!

Lamine estalló de emoción y corrió a celebrar el tanto con Nico y con Morata.

«Créeme, es muy complicado jugar con la selección, pero ¡tú haces que todo parezca sencillo!», le comentó Álvaro.

Lamine sonrió y se secó la lluvia de la cara. Pensó en todas las personas que estarían viendo el partido en sus casas y en lo feliz que les habría hecho.

Al volver al vestuario, recibió muchas felicitaciones. Luego, los entrenadores pidieron silencio.

«Felicidades, Lamine», dijo en voz alta el entrenador De la Fuente. «Esta noche te has convertido en el debutante y en el goleador más joven de la historia de la selección».

«Yo solo estoy feliz por la victoria», dijo Lamine con cierta timidez al notar que era el centro de todas las miradas. «Aunque, bueno, ¡también me gusta batir récords!».

Lamine no podía haber soñado con un mejor debut con la selección nacional. Se moría de ganas de llevarse a casa el balón del partido.

CAPÍTULO 16

LUCES, CÁMARA, ¡ACCIÓN!

«¿Así que ahora también vas a ser una estrella de cine?», bromeó Sohaid con Lamine, avanzada ya la temporada, mientras le ponía al día de todas las noticias de Rocafonda.

«¡Para nada! El Barça solo quiere que grabe un vídeo corto para anunciar mi nuevo contrato», le explicó Lamine.

«¡Pues a mí me sigue sonando a trabajo de actor!», dijo Sohaid.

Lamine se rio, pero, en realidad, estaba un poco preocupado por el tema del anuncio. De repente, le parecía más aterrador que jugar ante un estadio lleno. Sabía que tendría que acostumbrarse a ese tipo de cosas, pero solo de pensar en ello, le empezaban a sudar las manos.

«Intenta mirar a la cámara todo lo posible».

«Siéntate más erguido».

«No hables demasiado rápido».

Al menos, grabaría el vídeo en un lugar donde siempre se sentía cómodo: La Masia.

De pie frente al gran cartel de La Masia, en la entrada del edificio, Lamine se retocó el peinado y alisó su americana negra.

«¿Estás listo?», le preguntó una voz detrás de la cámara.

«Sí», respondió Lamine, deseando sonar tranquilo y seguro.

«Vale, vamos allá. Tres, dos, uno... ¡Acción!».

Lamine sonrió y recitó las palabras que había preparado.

«¡Muy bien!», dijo un miembro del equipo de grabación cuando el joven futbolista terminó. «Vamos a repetirlo una vez más y nos quedaremos con la mejor toma».

Lamine respiró hondo y lo intentó de nuevo.

«Estoy muy feliz de cumplir un sueño. Es un honor para mí firmar este contrato con un club que es una parte tan importante de mi vida. Espero ganar muchos títulos con el Barça», volvió a recitar con una sonrisa.

Miró alrededor y vio cómo el director asentía y levantaba el pulgar.

«¿Puedo verlo?», preguntó Lamine.

Esperó mientras el cámara giraba la pantalla hacia él para, a continuación, contemplar la grabación en silencio. Estaba bastante bien. Sonrió aliviado y estrechó la mano al equipo.

Era una sensación increíble saber que estaría en el Barça los próximos años (y ojalá fueran muchos). Aquel era su sitio. Sentía una conexión profunda con el club y no podía imaginarse jugando en otro equipo.

«¡Dedícate al fútbol, colega!», bromeó Nico cuando vio el vídeo del anuncio.

En los entrenamientos, Xavi seguía exigiendo mucho a los jugadores y también a Lamine, a quien trataba como a un jugador más de la plantilla. Resultaba agotador, pero formaba parte de jugar en la élite.

En el grupo de jóvenes que rodeaba a Lamine, seguía estando Pau Cubarsí, su buen amigo de la época de La Masia. Siempre era agradable hablar con gente que estaba viviendo una situación similar a la tuya. Todo estaba ocurriendo muy rápido en sus vidas futbolísticas.

En los ejercicios de uno contra uno, Lamine solía emparejarse con Pau: un extremo contra un defensa, igual que en los partidos de verdad. Pau estiró la pierna para quitarle el balón y la entrada derribó a Lamine. Pero este se levantó de un salto y trotó hasta el final de la fila para esperar su siguiente turno.

«La mayoría de los extremos se desaniman tras una entrada así, pero tú no», le dijo Pau, riéndose y negando con la cabeza.

«Eso es porque sé que la próxima vez te voy a ganar», le respondió Lamine, guiñándole un ojo.

Y, en efecto, unos minutos después, fintó hacia dentro para provocar que Pau se lanzara al corte y, luego, salió disparado a su espalda para rematar y enviar el tiro por encima del larguero.

Lamine sabía que Pau tenía razón. Recordaba a algunos de sus compañeros en los equipos juveniles: chicos muy talentosos que dejaban de intentar sus regates si no les salían a la primera.

Pero sus entrenadores siempre le habían insistido: «¡Ataca! ¡Ataca! ¡Ataca!».

Así que Lamine nunca dejaba de intentarlo. Si perdía el balón, no le daba más vueltas. Solo pensaba en qué haría distinto la próxima vez. Si encaraba cinco veces a un lateral izquierdo, quizá le parasen en cuatro ocasiones, pero la quinta podía ser el centro, el pase o el gol decisivo.

«Cada vez que te pones a correr, los defensas entran en pánico. Eso abre espacios para todos los demás», le recordaba Xavi a menudo.

A pesar de todos los momentos tan especiales que había vivido Lamine, estaba siendo un año difícil para el Barcelona. Las expectativas eran altísimas después de ganar el campeonato liguero la temporada anterior.

Sin embargo, esa nueva temporada, no habían podido aguantar el ritmo de victorias del líder, el Real Madrid, ni del Girona, la gran sorpresa de esa edición.

Aunque a Lamine le quedaban muchísimas temporadas por delante para luchar por campeonatos, era impaciente y quería ayudar al Barça a volver a meterse de lleno en la lucha por el título.

Lamine sabía que estaba mejorando semana tras semana, y logró mantener su buen nivel en un enfrentamiento contra el Granada.

En su vertiginosa carrera como profesional, el joven Lamine había ido consiguiendo muchos retos sobre el campo, entre los que se encontraban dos muy especiales:

Su primera asistencia con el Barcelona.

Y su primer gol con España.

Sin embargo, todavía no había marcado con el Barça. A Pau le gustaba recordárselo.

«¡Guarda esos goles para los partidos de verdad!», gritó Pau, después de que Lamine colara un disparo en la escuadra durante un entrenamiento.

«¡Quizá todavía está pensando en cómo celebrar el gol y eso lo frena!», añadió Pedri.

«Ya lo veréis. Solo estoy esperando el momento adecuado», replicó Lamine.

Contra el Granada, el Barcelona atacaba sin descanso y el delantero João Félix irrumpió en el área.

«¡Dispara!», rugió la grada.

Lamine vio cómo su compañero preparaba el disparo, pero siguió corriendo por si había un rechace. Cuando João perdió el control y el balón quedó suelto en el área, todos se quedaron parados… excepto Lamine. Estaba en el lugar adecuado para rematar la jugada.

¡Gooool!

No era el golazo que había soñado marcar, pero, por fin, estrenaba su cuenta goleadora con el Barça.

«¿Qué decíais, chicos?», preguntó Lamine mientras miraba a su alrededor y se llevaba la mano a la oreja.

«¡Vaya cañonazo! A pesar de tener solo dieciséis años, ha sido capaz de meter un gol enormemente complicado...», bromeó Pau, imitando a un comentarista.

Todos estallaron en carcajadas.

«Ahora en serio, felicidades, colega», le dijo Pau más tarde, cuando ya estaban en el vestuario. «Ojalá sea el primero de muchos que marques con el Barça».

CAPÍTULO 17

MÁS MOMENTOS MÁGICOS

«¿Contra quién jugáis este fin de semana?», le preguntó Sohaid a Lamine mientras echaban una partida en la consola.

Lamine se detuvo un momento.

«No estoy seguro», respondió, riéndose.

Sohaid lo miró, asombrado.

«Es que jugamos un montón de encuentros», trató de explicarle Lamine. «Así que hay que ir partido a partido. Hoy, nos hemos centrado en el partido de la Champions del miércoles, porque mañana volamos».

«¿Ya han visto los demás jugadores la foto de tu pasaporte?», preguntó Sohaid, con una sonrisa traviesa.

«¡Ni pensarlo! ¡Parezco un crío de diez años!», respondió Lamine.

A Lamine le gustaba desconectar del fútbol durante un rato, aunque disfrutaba yendo a entrenar. Le encantaba porque cada día era distinto en el Barcelona. A veces, empezaban con un rondo y, luego, seguían con ejercicios de uno contra uno. Otros días, practicaban chutes y remates de cabeza.

Cuando el Barcelona se enfrentó al Granada por segunda vez esa temporada, Lamine estaba en racha. ¿La mantendría? La duda duró unos escasos 15 minutos. Mientras João Cancelo avanzaba por la izquierda, Lamine trotaba hacia el área.

De repente, esprintó cuando João recortó hacia su pierna derecha.

«¡João! ¡João!», gritó Lamine mientras se colocaba detrás de su marcador.

João puso un centro perfecto para Lamine, quien solo tuvo que estirar la pierna para marcar.

¡Goool!

Lamine se deslizó de rodillas. Luego, se levantó y señaló el escudo del Barcelona en su camiseta.

Jules Koundé fue el primer compañero en acudir a felicitarlo.

«No hay quien te pare estos días», le dijo con una sonrisa.

Cuando Lamine jugaba así, todo era posible. Los defensas parecían ir sobre patines mientras él se colaba hacia dentro para, a continuación, recortar hacia fuera con el balón pegado al pie, como si llevara un imán en las botas.

Sin embargo, el Granada reaccionó y se puso por delante con un sorprendente 3-2 a falta de 10 minutos para el final. Aun así, Lamine no se dio por vencido.

Estuvo atento a un balón que la defensa del Granada no logró despejar. Recuperó el esférico. Luego, levantó la cabeza y vio un hueco en el primer palo. Sin pensarlo, disparó raso y con potencia, de forma que el balón pasó volando fuera del alcance del portero hasta colarse junto al palo.

¡Golazo!

Esa vez no se detuvo ni a celebrar el gol. Lamine simplemente se apresuró a regresar a la línea central del campo para no perder tiempo y seguir buscando la remontada.

Lamentablemente, no fue posible. El partido terminó 3-3, pero Lamine acaparó todos los elogios tras el encuentro.

«¡Nos has salvado!», le dijo Xavi mientras caminaban juntos hacia el túnel de vestuarios.

La joven estrella cada vez contaba con más seguidores, así que los patrocinadores empezaron a hacer cola en su puerta. Su agente se ocupaba de esas cuestiones, incluido un contrato para llevar botas Adidas. Justo como su ídolo, Lionel Messi.

Cuando se consumó dicho contrato, Lamine publicó un comunicado que decía: «Estoy orgulloso de unirme a Adidas, ya que siempre ha sido la marca de los mejores, como el jugador que he idolatrado desde que era pequeño, Leo Messi. Espero con ilusión los muchos años que estaré con Adidas».

El equipo de Adidas hizo que Lamine se sintiera aún más feliz al confirmarle que sería el único jugador, aparte de Messi, que llevaría la edición limitada de las botas Adidas X Crazyfast Leo Messi «Spark Gen10».

Pensaba en ello cada vez que se ataba los cordones, como el día que se preparaba para enfrentarse al Real Mallorca a principios de marzo. El Real Madrid todavía lideraba la clasificación en la lucha por el título y no podían permitirse más tropiezos.

«Tenemos que seguir ganando», le dijo Lamine a Gavi mientras estaban sentados en el vestuario. «Hay que continuar presionando al Madrid».

Superar al Mallorca supondría un ejercicio de paciencia, sobre todo para Lamine. Una y otra vez, encontraba espacio por la banda derecha, con los defensas retrocediendo para intentar cubrirse las espaldas frente a su velocidad.

A Lamine no le importaba. Podía levantar la cabeza y ver dónde estaban sus compañeros, quién entraba en el área o quién se desmarcaba para recibir un pase.

Raphinha provocó un penalti, pero el portero del Mallorca lo paró, y Lamine no logró llegar al rechace. Luego, Lamine estrelló un disparo contra el larguero, pero el balón salió rechazado lejos de la portería. ¡Por poco!

«¡El gol llegará!», le gritó a sus compañeros al ver sus caras de frustración.

Lewandowski entró de refresco para potenciar el juego ofensivo del Barça. Lamine sabía cuál era su trabajo: poner balones en el área.

Sin embargo, en una jugada en la que controló el balón justo fuera del área, Lamine no vio ángulo para centrar. Un centrocampista del Mallorca se abalanzó sobre él y lo forzó a utilizar su pierna derecha.

Está bien, pensó Lamine. Al principio, dribló hacia esa dirección, pero enseguida cambió el balón a su pierna izquierda. Había un pequeño hueco para dar un pase, pero Lamine tenía otro plan. Con todos los jugadores a su alrededor estáticos, probó un disparo con rosca.

El chute no tenía la potencia del lanzamiento que había golpeado el larguero con anterioridad, pero iba muy bien colocado. El portero ni se movió mientras el balón se colaba por toda la escuadra.

¡Golazo!

¡Sí! Lamine salió como un rayo a celebrar su tanto. Saltó por encima de las vallas publicitarias alrededor del campo para acercarse a los aficionados. Mientras tanto, todo el estadio rugía de alegría.

«¡Qué golazo!», gritó Pau, tras sumarse a los compañeros que se arremolinaban alrededor de Lamine.

El Barcelona logró amarrar la victoria por la mínima y consiguió recortar la distancia con el Real Madrid a cinco puntos. Con una botella de agua en una mano, Lamine siguió a su amigo Pau para celebrarlo con los aficionados del Barça.

«Esto es exactamente lo que soñamos cuando empezamos nuestra andadura en La Masia. ¡Mira cómo lo celebra la afición!», dijo Pau, sonriendo.

A medida que se acercaban, los aficionados enloquecían con sus jugadores.

«¡Esto es genial! Seguro que vamos a hacer que celebren muchas más victorias y títulos durante los próximos años», dijo Lamine.

CAPÍTULO 18

UN CLÁSICO DECEPCIONANTE

«El futuro pinta muy bien para el Barcelona», aseguró un comentarista deportivo mientras Lamine, Pedri, Gavi y Pau aparecían en pantalla.

«Olvídate del futuro. Ellos creen que pueden ganar YA», respondió otro comentarista.

Y tenía toda la razón, pues los talentosos jóvenes del Barcelona estaban pensando en el presente. Lamine se negaba a esperar a la próxima temporada. El equipo todavía tenía opciones de ganar el campeonato liguero cuando saltaron al césped del Santiago Bernabéu con siete jornadas por delante.

En el primer partido contra el Real Madrid disputado cuando arrancaba la temporada, Lamine solo participó unos minutos al final del encuentro. Ahora, ya era titular indiscutible.

«Estos son los partidos grandes, donde se forjan las leyendas», pensó Lamine mientras hacía los últimos estiramientos.

La afición del Real Madrid cantaba a pleno pulmón. El campo era un mar de camisetas blancas y de banderas madridistas ondeando al aire. Para la mayoría de jugadores, incluso para los que contaban con mucha más experiencia, aquel ambiente era intimidatorio, pero Lamine simplemente sonrió cuando fue recibido por una lluvia de abucheos al hacer un saque de banda.

Todo aquel ruido solo hacía que aumentara su motivación, y Lamine lo demostró desde la primera parte. Con el marcador 1-1, un tiro de esquina del Barça llegó hasta su posición en el primer palo y logró peinar el balón antes que nadie.

Al girarse, vio al portero sacando el balón a duras penas y a sus compañeros reclamando gol. ¿Había cruzado la pelota la línea de gol? El árbitro revisó la jugada y, a continuación, negó con la cabeza. No era gol.

Lamine alzó la vista hacia el cielo, decepcionado. Marcar en un clásico habría sido una sensación increíble.

Ya se había olvidado de esa jugada cuando João puso un pase cruzado de banda a banda en la segunda parte, que cogió a la defensa del Madrid descolocada. Lamine controló el esférico y no se lo pensó demasiado. Puso un centro perfecto al área.

Raphinha dejó pasar la pelota y el portero del Real Madrid solo pudo desviarla hacia el centro, donde llegó Fermín López para empujarla a la red. Lamine abrió los brazos para celebrarlo. ¡1-2!

«¡Un centro espectacular!», dijo Raphinha, mientras saltaba sobre la espalda de Lamine y, luego, abrazaba a Fermín.

Pero la alegría duró poco. El Real Madrid empató y, en el tiempo añadido, Jude Bellingham marcó el gol de la victoria.

Lamine sintió como si le hubieran dado un puñetazo en el estómago. Caminando despacio hacia el vestuario, trató de contener las lágrimas. El Barça había trabajado muchísimo... y se iba sin ningún punto.

Se sintió aún peor cuando vio la repetición de su gol anulado. Parecía que el balón había cruzado la línea. A veces, el fútbol era muy injusto.

El Barcelona terminó en segunda posición en la liga y también sufrió una decepcionante eliminación en la Champions League frente al PSG. Lamine tenía sentimientos encontrados mientras vaciaba su taquilla al finalizar la temporada.

Ver algunos de los recuerdos de su temporada de debut con el primer equipo lo animó un poco, y se prometió a sí mismo que la decepción liguera que acababa de sufrir solo le haría más fuerte para la temporada siguiente.

Cuando Lamine se despidió de un grupo de empleados del Barcelona fuera de la cafetería, todos le desearon suerte. Estaba tan inmerso en los recuerdos de la temporada y en sus pensamientos que le costó un segundo comprenderlo: ¡se referían a la EURO 2024!

Tras sus brillantes actuaciones, no fue una gran sorpresa que el entrenador De la Fuente convocara a Lamine para el torneo que se disputaría en Alemania. Un nuevo objetivo para olvidar el decepcionante final de temporada.

Aunque había quien pensaba que Lamine llegaría exhausto al torneo europeo, la joven estrella trató de aprovechar al máximo unos días de descanso. Luego, preparó la maleta para la EURO 2024. Si todo salía según lo previsto para España, los jugadores estarían fuera casi un mes.

«¿Llevas los libros de clase?», le preguntó su madre mientras Lamine cerraba la cremallera de su maleta.

Lamine se volvió hacia ella con una gran sonrisa.

«¿Cómo iba a olvidarlos? ¡Creo que eres la quinta persona que me lo pregunta!», bromeó.

Aun así, revisó de nuevo su maleta para asegurarse de que los libros estaban allí. No podía dejárselos, porque, a diferencia del resto de la plantilla, durante las próximas semanas, Lamine tendría que estudiar para los exámenes de final de curso, además de disputar un campeonato europeo.

Lamine contaría con la ayuda de un tutor para prepararse para los exámenes. Esperaba que eso no les resultara extraño a sus compañeros. No quería quedarse al margen de la convivencia, y no dejaba de preguntarse si alguien había estado antes en su misma situación.

Respiró hondo y empujó la maleta hacia la puerta mientras cruzaba los dedos. Esperaba superar con nota todas las pruebas que tenía por delante, tanto dentro como fuera del campo.

CAPÍTULO 19

A LA EURO CON LIBROS

«Ahora, escucha, chaval», dijo Nico, sonriendo y con voz autoritaria. «Solo puedes salir a jugar cuando hayas terminado los deberes».

Lamine puso los ojos en blanco. Sabía que Nico no iba a desaprovechar esa oportunidad para gastarle alguna broma.

«Bueno, iré mucho más rápido cuando te hayas ido de la habitación», respondió, y pasó la página de su libro de texto. «O, si lo prefieres, puedes quedarte y echarme una mano».

Nico dudó.

«Bueno, eh… Me sabe mal, pero tengo que revisar mis botas para el entrenamiento», murmuró antes de salir corriendo.

Lamine sonrió, pero era consciente de que no podía descuidar sus estudios. Ni siquiera la EURO 2024 era una excusa para saltarse los exámenes, aunque le resultaba difícil concentrarse sabiendo que los demás jugadores se relajaban en la piscina o jugando a videojuegos.

«Una lección más», se dijo a sí mismo tras empezar una nueva página en su cuaderno y coger el bolígrafo de nuevo.

Como cuando estudiaba en casa, se marcaba objetivos para motivarse. Al terminar el repaso de una asignatura, cogía el móvil y la llave de su habitación y se unía a las batallas del FIFA PlayStation con Nico y con Pedri.

Por su edad, tras una conversación entre su familia y el personal de la selección española, se había acordado que Lamine debía seguir una serie de normas, y que un tutor le acompañaría en cualquier salida que realizara.

«No te preocupes. Por ahora, todo ha ido genial. Mañana te enviaré más fotos», le aseguró a su madre una noche.

Había prometido mantener a su familia al tanto de todo. Entendía que se preocuparan por él ante tantas cosas increíbles que estaba viviendo en tan poco tiempo.

A Lamine siempre le había gustado entrenar, y, en ese momento, todavía más, puesto que significaba cambiar los libros de texto por partidos de cinco contra cinco y por ejercicios de disparos a portería, entre otras cosas. Cuando se calzaba las botas, podía olvidarse de todo lo demás.

Con el torneo a solo unos días de empezar, Lamine percibía la energía que se respiraba en la concentración de la selección española. Era un tipo de energía muy especial; se respiraba seriedad, concentración y decisión.

También le resultaba curioso sentarse a comer al lado de jugadores del Real Madrid, como Dani Carvajal o Nacho, después de haber pasado buena parte de la temporada de liga compitiendo contra ellos.

«Podemos ser amigos durante el verano, ¿no?», bromeó Lamine mientras dejaba su bandeja de comida junto a la de Dani.

En una reunión del equipo antes del primer partido del torneo, el entrenador De la Fuente recordó a los jugadores que esto era un nuevo capítulo para la selección, y que debían aprender de las decepciones recientes.

Todos asintieron en la sala. Aunque Lamine era nuevo en la plantilla, conocía bien la historia reciente del equipo nacional. España había sido eliminada en la segunda ronda de la Copa

Mundial 2022 y en las semifinales de la EURO 2020, por lo que debían replantearse su famoso estilo de control del balón conocido como «tiquitaca».

Y, precisamente por eso, Lamine resultaba una pieza tan importante. Su juego le daba otro aire a la selección. España seguía manteniendo el toque elegante y técnico en el centro del campo, pero, Lamine y Nico aportaban opciones explosivas por las bandas.

«Nuestros centrocampistas son buenísimos. Solo tengo que elegir bien el momento preciso para salir con velocidad y me llegará el balón a los pies», les había dicho a sus amigos tras la primera sesión de entrenamiento en Alemania.

Mientras Lamine miraba los grupos del torneo en la gran pantalla detrás del entrenador De la Fuente, sabía que no habría partidos fáciles para España en el Grupo B, donde se enfrentarían a Croacia, a Italia y a Albania. No obstante, una sensación de confianza en sus posibilidades imperaba en la concentración.

«Si jugamos como somos capaces de hacerlo, este va a ser un torneo especial para nosotros. Descansad. El sábado debutamos contra Croacia», dijo el entrenador De la Fuente

Lamine estaba ansioso por empezar el torneo. Dudaba sobre lo que era más conveniente hacer en ese momento, así que regresó a su habitación, se tumbó en la cama y cerró los ojos para intentar echar una siesta. Sus sueños, como era de esperar, giraron en torno a los partidos de la selección: allí estaba él, regateando a defensas sin parar.

Cuando despertó, Lamine se sentía renovado. Aficionados al fútbol de todo el mundo verían la EURO 2024, y él estaba decidido a ofrecer un gran espectáculo.

CAPÍTULO 20

LÍDERES DE GRUPO

«¡Allá vamos!», dijo Lamine cuando el autobús de la selección española llegó al Estadio Olímpico de Berlín para su primer partido de la fase de grupos contra Croacia.

La noche anterior, el entrenador De la Fuente había anunciado la alineación titular, y el corazón de Lamine dio un vuelco de emoción al escuchar que sería titular en la banda derecha. Con 16 años y 338 días, estaba a punto de convertirse en el jugador más joven en disputar un partido de una EURO.

Tras días de preparación, había llegado la hora de la verdad, así que Lamine trató de disfrutar de cada momento durante el calentamiento. Hoy, debía jugar para todo un país, no solo para el Barcelona.

Dani Carvajal se acercó trotando hasta donde estaba Lamine.

«¿Sabes que, cuando tenía tu edad, jugué con el Real Madrid sub-19 la Copa del Rey? Eso ya me parecía un reto enorme, pero lo que tú estás haciendo es increíble. Todos estamos muy contentos por ti y nos tienes aquí para ayudarte en lo que podamos», le dijo Dani a Lamine.

«Gracias. Si pudieras adelantar el reloj hasta la hora del inicio, sería perfecto», respondió Lamine.

Dani se rio.

«Ojalá pudiera controlar eso, pero los nervios desaparecerán pronto. Compartiré contigo la banda derecha, por lo que te hablaré bastante durante el partido y yo también subiré todo lo que pueda».

«Cuando lo hagas, te generaré una ocasión», le dijo Lamine, mientras se apoderaba del balón que estaba a su lado y simulaba un pase en profundidad.

«¡Estaré listo!», exclamó Dani, guiñándole un ojo.

Cuando regresaron al vestuario, el entrenador De la Fuente les dijo unas palabras antes de empezar el partido.

«Recordad: mantened la posesión y moved el balón. Pero, cuando veáis el momento adecuado, no dudéis en atacar con pases más directos hacia Lamine y hacia Nico. Aprovechad su velocidad. Esa es nuestra gran ventaja».

Lamine se cambió su camiseta de entrenamiento por la famosa roja de España y se colocó al final de la fila, justo detrás de Nico. Salir del túnel fue un momento que nunca olvidaría, con el público animando y las banderas ondeando al cielo.

Durante el himno nacional, Lamine sintió un escalofrío de orgullo y de emoción. Pensó en todos sus amigos que le estarían viendo juntos desde casa, igual que él solía hacer cuando era niño y retransmitían grandes torneos.

A continuación, chocó la mano con Morata y con Nico, dio un último sorbo de agua y sonó el silbato del árbitro.

¡Por fin!

España tuvo un comienzo ideal, gracias a un gol de Morata. Algunos equipos podrían haberse relajado con la ventaja, pero Lamine no pensaba permitirlo.

En cuestión de minutos, quedó claro que era demasiado rápido para el lateral izquierdo croata. Cuando Lamine persiguió un pase hacia la bandera de córner, pudo notar el pánico en la defensa de Croacia. Uno de sus centrocampistas se lanzó a taparle, pero eso dejó un hueco en el centro. Lamine lo vio y se coló hacia dentro, pasando el balón a Pedri, quien se lo entregó de primeras a Fabián Ruiz. El centrocampista andaluz regateó a dos defensas y anotó el 2-0.

Lamine levantó los brazos. Estaba eufórico por haber participado en la jugada del gol.

Justo antes del descanso, España provocó un córner y Lamine se acercó trotando con Nico para una de sus jugadas en corto. Sacó rápido hacia Nico y, al instante, se desmarcó para que le devolviera el balón. En lugar de eso, Nico la puso en el interior, donde se encontraba Fabián, para confundir a los defensas croatas. Después, este se la devolvió a Lamine para que centrara, tal como habían planeado.

Lamine tuvo una fracción de segundo para mirar hacia arriba y ver la avalancha de camisetas rojas entrando en el área. Sin dudarlo, decidió hacer un centro hacia la zona más peligrosa, justo delante del portero. Dos defensas croatas dudaron, y Lamine saltó de alegría al ver que una pierna española tocaba el balón para enviarlo a la red.

Entonces, descubrió quién había sido... ¡Dani Carvajal!

Dani corrió hacia Lamine mientras lo señalaba con el dedo. Con una sonrisa cómplice, le dio un abrazo.

«¡Te lo dije; te dije que te daría una asistencia!», exclamó Lamine, eufórico.

España ganaba 3-0 al descanso. Los jugadores sonreían en el vestuario mientras esperaban las instrucciones del entrenador para la segunda mitad.

«¡Así es como juega España!», dijo De la Fuente, visiblemente satisfecho. «Pero el partido aún no ha terminado. Mantened la concentración».

Durante la segunda mitad, la selección española acató las instrucciones de su entrenador, no disminuyó la intensidad y logró conservar la ventaja. Cuando restaban unos minutos de partido, De la Fuente decidió sustituir a Lamine para que los aficionados españoles le brindaran una ovación.

«Nuestro objetivo aún está muy lejos y debemos mantener los pies en la tierra», les recordó De la Fuente a sus jugadores. «Sentíos orgullosos, sentíos emocionados, pero tenemos que seguir mejorando en el próximo partido si queremos llegar lejos en este torneo».

Lamine no se olvidó de esas palabras cuando los jugadores regresaron al campo de entrenamiento dos días después. Ahora, debían centrarse en el duelo contra Italia.

«Este será un partido más físico. Si los defensas te tiran de la camiseta o intentan empujarte, no reacciones», le aconsejaron los entrenadores españoles a Lamine.

No obstante, no había motivo de preocupación respecto a cómo reaccionaría Lamine en esas circunstancias. Era joven y delgado, pero había jugado contra muchos defensas que pensaban que podían intimidarlo. Y nunca les funcionaba. Lamine siempre mantenía la calma. Cuando recibía una falta, simplemente se levantaba y seguía jugando.

España generó ocasiones para marcar desde el inicio del partido. Pero el balón no quería entrar. El potero italiano repelió un cabezazo de Pedri; Nico malogró otro cabezazo peligroso; y la defensa bloqueó un disparo de Rodri. Lamine se acordó del partido contra el Mallorca que había disputado meses atrás.

Pese a todo, España no se rindió. Nico y Lamine se mostraban muy activos por las bandas.

«¡Al segundo palo!», gritó Lamine, mientras Nico se disponía a centrar.

Nico ejecutó el centro y el portero italiano estiró la mano en un intento desesperado por despejar el balón. Por un segundo, Lamine pensó que la pelota llegaría hasta él, pero rebotó en la pierna de un defensa y se coló en la red.

«Tuvimos un montón de ocasiones y, al final, abrimos la lata con un gol en propia puerta. Supongo que, a veces, el fútbol es así», dijo Lamine.

«¡Pero todos los goles cuentan! Y yo pienso reclamar que me anoten una nueva asistencia», respondió Nico, sonriendo.

Esa victoria por 1-0 clasificó a España para la siguiente ronda, y De la Fuente decidió que Lamine descansara en el último partido de grupo contra Albania. A la joven estrella le hubiera encantado jugar, pero también disfrutó de estar sentado junto a Nico en el banquillo y de animar a sus compañeros.

España logró una nueva victoria y sumó los nueve puntos posibles. Lamine estuvo pendiente del resto de los partidos del grupo mientras esperaban para saber a quién se enfrentarían en la siguiente fase del torneo.

CAPÍTULO 21

LOS CRUCES DECISIVOS

Georgia sería el rival de España en la segunda ronda. No hacía ni un año desde que Lamine había marcado contra los georgianos en su debut internacional, pero muchas cosas habían cambiado desde entonces.

«Estupendo; ¡se te da bien jugar contra ellos!», le animó su padre en cuanto se definieron los cruces de la segunda ronda.

«En la EURO, todos los equipos son peligrosos. Georgia acaba de ganar a Portugal, así que seguro que será un partido duro», respondió Lamine con cautela.

España encajó un gol tempranero, pero no se descompuso. Rodri logró empatar y, en la segunda parte, Fabián, Nico y Dani Olmo ampliaron la ventaja para lograr una cómoda victoria para la selección española.

Lamine fue al autor de la asistencia del gol de Fabián gracias a un centro bombeado perfecto. Sintió la misma satisfacción que hubiera experimentado si él hubiera sido el autor del gol.

Cuando Nico logró el 3-1, Lamine se apresuró a celebrar el tanto con su amigo. El vídeo de la celebración bailando juntos se convirtió en viral al instante. De pie, uno al lado del otro, frente a la afición española, Lamine y Nico hicieron unos cuantos pasos de baile que habían estado practicando.

Al rematar el partido, los dos amigos volvieron a protagonizar una simpática escena, en la que jugaban al piedra, papel o tijera para decidir quién bebía agua primero.

«¡Venga ya!», protestó Lamine cuando perdió.

A continuación, no dudó en empapar a Nico con la botella cuando le tocó a él beber.

Mientras tanto, había comenzado la fiesta en la grada… y en toda España. A Lamine le encantaba recibir noticias y ver vídeos de sus celebraciones en casa. Era muy satisfactorio saber que era responsable de causar tanta alegría en la gente. Y la semana todavía mejoró más cuando recibió la noticia de que había aprobado todos los exámenes.

Unos días después, en el autobús del equipo, se respiraba un tenso silencio mientras avanzaban despacio por las calles rumbo al estadio donde se disputaría el partido contra Alemania, los anfitriones del torneo, en los cuartos de final. Los jugadores miraban por la ventana y veían aficionados alemanes por todas partes. Casi todos llevaban camisetas, bufandas o la cara pintada con los colores de su país.

Así que fue un alivio tener una distracción cuando el teléfono de Lamine sonó. Lo cogió, sonrió y giró la pantalla hacia Nico.

«Mira esto», dijo en voz baja.

Sus amigos de Rocafonda le habían estado enviando vídeos de la gente de su barrio mientras seguía el torneo. El último vídeo llevaba la leyenda: «¡Locura por Lamine en TODOS LOS RINCONES!».

En el vídeo, aparecían un montón de niños con su camiseta y su dorsal, coreando su nombre mientras enarbolaban pancartas y banderas españolas.

«¡Es increíble! Eres todo un héroe en tu barrio. Si seguimos jugando así, nos vamos a convertir en héroes nacionales», le dijo Nico.

Cuando llegó al estadio, no tuvo duda alguna de que afrontaría el encuentro como visitante. Pero eso no era ninguna novedad para él.

Había jugado el clásico.

Había disputado grandes partidos del torneo.

Y este no era más que otro partido: 11 contra 11.

Ambos equipos contaban con jóvenes estrellas. Si España quería superar a Jamal Musiala y a Florian Wirtz, Lamine tendría que dar lo mejor de sí mismo.

Tras una primera mitad bastante tranquila, la joven estrella española empezó a hacer diabluras en la segunda parte. En un momento dado, avanzó a toda velocidad hacia la portería rival arrastrando consigo a dos defensas, siempre con la idea en mente de asistir a uno de sus compañeros.

Entonces, vio que Dani Olmo se internaba en el área y le pasó el balón, quien remató de primeras al ángulo inferior. ¡1-0!

«¡Golazo!», gritó Lamine mientras celebraban el tanto junto al banderín de córner.

Poco después, Lamine gritó «¡nooooo!» cuando Alemania marcó el empate en los últimos minutos. Pero el lamento se convirtió en «¡síííííí!» cuando España logró el tanto de la victoria al final de la prórroga.

Tras esa montaña rusa de emociones, Lamine se alegró de tener un par de días de descanso antes de encarar el duelo frente a Francia en semifinales.

«Cada vez tenemos que afrontar partidos más trascendentes», dijo Lamine, mientras él y Nico daban otra vuelta al campo de entrenamiento.

«Sí. Y cada vez tenemos más cerca el sueño de ganar la EURO», respondió Nico.

La semifinal del torneo siempre sería recordada como «el partido de Yamal». No obstante, el encuentro empezó torcido para España, ya que Francia se adelantó en el marcador. Al conjunto galo le gustaba ralentizar el juego y colocar hombres detrás del balón. Pero Lamine no pensaba permitirlo.

Cuando vio la ocasión propicia mientras manejaba el balón con su zurda, supo que ese era su momento. Buscó la escuadra con un disparo espectacular y sus ojos se abrieron de par en par cuando la pelota golpeó el interior del poste y se coló en la portería.

¡Golazo!

Lo siguiente que Lamine recordó fue correr hacia la banda. Todos los suplentes habían saltado al césped para abrazarlo.

«¡El niño prodigio lo ha vuelto a hacer!», gritó uno de los entrenadores.

Olmo marcó el 2-1 apenas unos minutos después. Luego, España supo contener a Kylian Mbappé y no dejó escapar la victoria que les daba un puesto en la ansiada final.

Solo quedaba un último paso, pero era el más difícil de todos.

CAPÍTULO 22

REYES DE EUROPA

14 de julio de 2024, Estadio Olímpico, Berlín

Lamine se despertó en la madrugada del viernes al sábado empapado en sudor e inquieto. No podía dejar de pensar en la final de la EURO 2024 que se disputaría el domingo. No pudo volver a conciliar el sueño.

Miró el reloj. Era la 1:15 de la madrugada del 13 de julio, su cumpleaños.

Sin embargo, por ahora, la celebración de su aniversario debería esperar. Quería centrar toda su atención en la final. El domingo por la noche sería o el mejor cumpleaños de su vida, o uno de los peores.

Noventa minutos de fútbol lo decidirían todo.

Tras un entrenamiento suave y la charla de equipo, Lamine durmió un poco mejor la noche previa a la final. Los jugadores de España llegaron pronto al estadio para examinar el terreno de juego y empezar a contagiarse del ambiente.

Se enfrentarían a una Inglaterra muy fuerte, con jugadores tan talentosos como Jude Bellingham, Harry Kane o Phil Foden, aunque la actuación del conjunto español hasta la final había sido inmejorable. Seis partidos jugados, seis victorias.

«Es fantástico haber llegado a la final», les dijo el seleccionador De la Fuente en la charla previa al encuentro. El reloj de la pared marcaba que faltaban 15 minutos para el inicio del partido. «Pero hoy es más importante que nunca que nos ciñamos a nuestro plan de juego. Si jugamos como la España que todos conocemos, tendremos muchas opciones de ganar».

Lamine respiró hondo cuando todos salieron del vestuario. ¡Hora del espectáculo! Se miró con orgullo la famosa camiseta roja española que llevaba puesta, y sonrió al chocarle el puño a Nico.

«Vamos a por ello. ¡Este es nuestro momento!», dijo.

La primera parte acabó sin goles, pero, durante el descanso, recibieron la noticia de que Rodri no podría continuar por una lesión. Era un jugador fundamental para el equipo, y

Lamine sabía que todos los demás iban a tener que dar un paso al frente.

«No bajéis los brazos. Seguid luchando. Seguid corriendo. Al final, nuestra calidad marcará la diferencia», les animó el propio Rodri.

«Vamos a ganar este partido por ti», dijo Lamine, con la mano en el hombro de Rodri. Podía imaginar lo decepcionado que debía de sentirse su compañero por perderse el resto de la final.

A comienzos de la segunda parte, los ojos de Lamine se iluminaron cuando España recuperó el balón en el centro del campo. Lanzaron un rápido contraataque. Dani Carvajal le dio un pase de primeras, y Lamine encaró hacia el área rival, recortando hacia dentro mientras los defensas ingleses trataban de recuperar sus posiciones defensivas.

Justo cuando parecía que había aguantado el balón demasiado tiempo, metió un pase para Nico, que entraba en carrera por la banda izquierda.

El disparo de Nico se coló en la portería como un misil.

¡1-0!

«¡VAMOS!».

Lamine cruzó el campo a toda velocidad para celebrarlo con su amigo.

¡Qué jugada!

Aquel gol sirvió de bálsamo para el conjunto español. Poco después, Lamine tuvo la oportunidad de anotar el 2-0 con un disparo raso a la esquina inferior, pero el portero de Inglaterra consiguió despejar la pelota con los dedos.

Lamentó aún más esa ocasión fallada cuando Inglaterra empató. Ahora, España tenía que reagruparse. Lamine pensó en las palabras de Rodri en el descanso. No había tiempo para lamentarse. Tenían que reaccionar.

España creaba peligro cada vez que tenía el balón, y una nueva jugada combinativa acabó en otro disparo de Lamine. De nuevo, el portero inglés logró desbaratar la ocasión. El joven jugador español se levantó la camiseta para taparse la cara: deseaba desesperadamente lograr el gol de la victoria.

El reloj corría. La prórroga se acercaba. Pero España se había guardado una última baza mágica en el bolsillo. Cucurella puso un peligroso centro desde la izquierda y Mikel Oyarzabal logró sorprender a la defensa inglesa para rematar a gol.

Lamine llegó hasta Mikel y lo abrazó con alegría.

«¡Lo has conseguido! ¡Lo hemos conseguido!», exclamó.

De repente, Lamine volvía a flotar. Mientras trotaba de vuelta hacia el centro del campo, levantó la vista hacia el marcador. Solo quedaban unos minutos.

España logró desbaratar un par de sustos de última hora, y, cuando Lamine escuchó el pitido final, le pareció el sonido más bonito del mundo.

Sus compañeros estaban esparcidos por el campo, tirados en el suelo, con los brazos en alto. Lamine iba dando saltos de alegría de un grupo de jugadores a otro.

«¡Campeones! ¡Campeones!», cantaba junto a Nico mientras la música sonaba en el estadio.

El brillante trofeo de plata se colocó en el escenario de la ceremonia, engalanado con cintas rojas y amarillas, y los entrenadores reunieron a los jugadores.

Pero aún quedaban otros premios por entregar antes del trofeo principal. Uno de los miembros del cuerpo técnico de España le hizo señas a Lamine para que se acercara a su lado, junto al escenario.

«Esto te va a gustar», le dijo con un guiño.

En el escenario, una voz anunció: «Y el ganador del premio al mejor jugador joven del torneo de la UEFA es…».

«… ¡Lamine Yamal!».

Lamine sonrió y dio un paso al frente. Sus compañeros habían formado un pasillo para reconocer su logro. Morata fue el primero en abrazarlo. Luego, Pedri y Nico.

El Rey de España era una de las personas que le esperaban en el escenario para felicitarlo, y Lamine se quedó sin palabras al darle la mano. ¡¿Estaba delante del Rey?!

El presidente de la UEFA le entregó el galardón y posaron para una foto rápida.

Lamine saludó a la grada. Con diecisiete años, esperaba vivir muchos más días como ese.

Por fin, llegó el momento de las medallas y de recibir el trofeo de los campeones.

«¡No me la pienso quitar hasta el año que viene!», bromeó sin dejar de mirar la medalla de la EURO 2024 que llevaba colgada del cuello. Luego, todos subieron al escenario para ver cómo el capitán, Álvaro Morata, se encargaba de llevarles la copa.

«¡¿Listos?!», exclamó.

«Síííííí», corearon todos a medida que se acercaba.

Cuando Álvaro alzó el trofeo, todos gritaron emocionados. Lamine estaba como loco por levantar y hacerse una foto con el codiciado premio.

«¿El mejor regalo de cumpleaños de la historia?», le preguntó Nico mientras daban la vuelta de honor al campo.

«¡Sin duda!», respondió Lamine, con una sonrisa enorme.

CAPÍTULO 23

SILENCIAR EL BERNABÉU

26 de octubre de 2024, Santiago Bernabéu, Madrid

Lamine estuvo en una nube durante las semanas siguientes. Su verano glorioso continuó con el desfile de la selección en Madrid, seguido de unos días de descanso al sol con sus amigos.

No mucho más tarde, la joven estrella volvió a centrarse en la nueva temporada con el Barcelona para empezar a soñar con todos los títulos que podían ganar durante el año siguiente.

Sin embargo, cuando su padre se vio envuelto en un grave altercado, volvió de golpe a la realidad. Por suerte, Mounir se recuperó, y no pasó mucho tiempo antes de que volviera a enviarle mensajes a su hijo interesándose por su día a día en el Barça.

Hubo algunos cambios importantes en el club de cara a la temporada 2024-25, incluida la llegada de Hansi Flick, quien sustituía a Xavi como entrenador. Lamine estaba triste por la marcha de Xavi, al que siempre le estaría agradecido por la confianza que había depositado en él. Muchos entrenadores no se habrían atrevido a poner como titular a un chico de dieciséis años. Xavi lo hizo.

Cuando Lamine y los demás jugadores de la selección regresaron a los entrenamientos, recibieron una enorme ovación. No había rastro de cansancio en el arranque fulgurante del Barcelona aquella temporada.

Lamine había decidido cambiar su dorsal en el Barça, pasando del 27 al 19 (su número en la Eurocopa), y empezó la nueva temporada jugando mejor que nunca, con tres goles y cuatro asistencias en sus primeros cinco partidos de liga. Además, anotó su primer tanto en la Champions, contra el Mónaco.

«Seguid dándome el balón. Ahora mismo me siento imparable», le dijo a Pedri.

Unos meses después de la gran fiesta para celebrar el título de campeones de la EURO en Madrid, Lamine volvía a la capital española para afrontar un nuevo clásico contra el Real Madrid. Sin duda, sería una prueba de fuego, y Lamine llegaba al partido pletórico de confianza tras haber superado una lesión en el muslo.

El conjunto merengue había fichado a Kylian Mbappé para completar una temible línea de ataque junto con Jude Bellingham y Vinicius Jr. Pero el Barcelona también tenía muchísimo talento en sus filas, y Lamine estaba decidido a demostrarlo. Y seguía igual de decidido cuando encaró el túnel de vestuarios en la media parte, con el marcador 0-0.

«Ahora es nuestro momento», les dijo a Lewandowski y a Raphinha mientras regresaban al terreno de juego para afrontar la segunda parte.

Y el trío ofensivo del Barça mostró su poderío. Robert buscó un desmarque al espacio y marcó el primer gol. Tan solo un minuto después, anotó de nuevo con un espléndido cabezazo.

El Real Madrid empezó a entrar en pánico. Mbappé se mostraba frustrado después de que le anulasen dos goles, y el conjunto blanco dejaba muchos espacios para que el Barcelona generase peligro cada vez que recuperaba el balón. Lewandowski podría haber marcado dos tantos más tras sendas asistencias geniales de Raphinha y de Lamine.

«¡Necesitamos sentenciar el encuentro con otro gol!», gritó Lamine, mientras la defensa blanca lograba desbaratar otro ataque peligroso.

La siguiente oportunidad del Barcelona llegó cuando Raphinha fue el más rápido en alcanzar un balón largo.

«¡Te sigo!», gritó Lamine, mientras esprintaba para llegar hasta su compañero, dejando atrás a varios defensas del Real Madrid.

Raphinha pasó a Lamine, pero el balón le quedó en su pierna menos hábil, la derecha.

Los defensas del Real Madrid esperaban que se acomodase para chutar con la zurda, pero Lamine no lo dudó y disparó de primeras con su diestra, clavando el balón en la escuadra.

¡Golazo!

¡Partido sentenciado! Lamine disfrutó de ese momento caminando frente a los aficionados del Real Madrid, mientras estos suspiraban y negaban con la cabeza.

Para rematar la noche, Raphinha anotó un cuarto gol, y el Bernabéu enmudeció.

«¿Dónde se han ido todos los aficionados?», bromeó Lamine. Solo podía escuchar a los seguidores del Barcelona, ubicados en la parte más alta del estadio.

El último clásico había sido muy doloroso para Lamine, pero ese resultó inolvidable.

«¡Podemos lograr todo lo que nos propongamos! ¡Qué bonito es escuchar a nuestra afición más que a la del equipo local en su propio estadio!», dijo tras el partido.

El Barcelona había mandado un mensaje rotundo. Querían recuperar el trofeo liguero y estaban decididos a presionar al Real Madrid desde el primer momento.

«Ya tenemos seis puntos de ventaja. Es el inicio de campeonato soñado», le comentó Lamine a Pedri.

Todavía quedaba un largo camino por recorrer y muchos partidos que disputar en LaLiga y en la Champions League, pero Lamine tenía muy buenas sensaciones.

CAPÍTULO 24

EL JUGADOR DEL MOMENTO

Cuando un estadio está lleno de aficionados, el ruido y la energía son increíbles. Lamine normalmente tenía que gritar para que un compañero pudiera oírlo a cinco metros de distancia.

En cambio, cuando la afición abandona el estadio, reina una tranquilidad absoluta, y a Lamine a veces le gustaba volver al césped después del encuentro para disfrutar de esa sensación. Formaba parte de un ritual que le ayudaba a retomar la calma y a relajarse tras el frenesí de los días de partido.

Recordó el enfrentamiento de aquella tarde y los vítores de los seguidores del Barça.

Había una familia sentada junto al banderín de córner, y habían coreado su nombre una y otra vez, siempre que él se acercaba. En ese momento, se detuvo a recordar la alegría desbordante en sus rostros cuando se dio la vuelta hacia ellos y los saludó con un gesto.

Lamine era un jugador profesional, por lo que lo primero en su mente siempre era ganar, pero también le encantaba divertir y emocionar a la gente, como a aquella familia.

Al fin y al cabo, el fútbol debería ser un entretenimiento por encima de todo lo demás. Esperaba que muchos niños y niñas que habían acudido ese día al estadio se hubieran marchado con una sonrisa y, por qué no, con la aspiración de perseguir sus sueños futbolísticos. Precisamente como le pasó a él mismo viendo todos aquellos partidos de Lionel Messi y de los canteranos de La Masia.

Lamine seguía siendo un adolescente, pero había aprendido muchísimas cosas en su ascenso vertiginoso hasta el primer equipo. Y no pensaba echar el freno, ni siquiera después de ganar el trofeo Raymond Kopa al mejor jugador joven en la gala del Balón de Oro 2024.

Como le recordaban sus entrenadores, todavía debía mejorar muchas cosas, desde el juego de cabeza a los disparos con su diestra o a su físico. Y estaba de acuerdo. Aún no era el mejor jugador del mundo, pero iba a seguir trabajando duro para serlo algún día…

«Si hoy soy mejor jugador que ayer, es que algo estoy haciendo bien», le gustaba decir.

Sin duda, el Barcelona y la selección española tenían un futuro muy pero que muy prometedor con Lamine en sus filas.

TÍTULOS (CON SU CLUB Y CON LA SELECCIÓN)

- **LaLiga** (2022-23, FC Barcelona): campeón más joven en la historia de LaLiga (15 años y 305 días)
- **LaLiga** (2024-25, FC Barcelona): campeón con 88 puntos
- **Copa del Rey** (2025): triunfo por 3-2 en La Cartuja ante el Real Madrid
- **Supercopa de España** (2025): FC Barcelona 5-2 Real Madrid
- **Supercopa de España** (2026): FC Barcelona 3-2 Real Madrid
- **UEFA EURO 2024** (España): campeón
- **UEFA Nations League** (2025, España): campeón

PREMIOS INDIVIDUALES

- **Joven del Torneo EURO 2024**
- **Gol del Torneo EURO 2024** (contra Francia en semifinales)
- **Trofeo Kopa 2024** (France Football)
- **Golden Boy 2024** (Tuttosport)
- **Mejor sub-23 de LaLiga 2023-24**
- **Mejor sub-23 de LaLiga 2024-25**
- **Jugador sub-23 del Mes** (agosto de 2023, LaLiga)

RÉCORDS E HITOS

- Debutante y goleador más joven de la historia de la selección española (16 años y 57 días)
- Jugador más joven en la EURO (16 años y 338 días)
- Goleador más joven en la historia de la EURO (16 años y 362 días)
- Jugador más joven en disputar una final de la EURO o un Mundial (17 años y un día)
- Futbolista más joven en debutar con el primer equipo del Barcelona (29 de abril de 2023)

- Goleador más joven de la historia de LaLiga (16 años y 87 días)
- Jugador más joven en una eliminatoria de Champions (16 años y 223 días)
- Renovación con el Barcelona hasta 2031 (firmada en 2025)

ESTADÍSTICAS CON EL FC BARCELONA

TEMPORADA	LIGA (PJ/G/A)	COPA (PJ/G/A)	CHAMPIONS (PJ/G/A)	OTROS (PJ/G/A)	TOTAL PJ	TOTAL G	TOTAL A
2022-23	1/0/0	0/0/0	0/0/0	0/0/0	1	0	0
2023-24	37/5/7	1/1/0	10/0/2	2/1/0	50	7	9
2024-25	35/9/15	5/2/6	13/5/4	2/2/0	55	18	25
2025-26*	25/14/10	5/2/2	8/4/4	2/0/0	40	21	16

	PARTIDOS	GOLES	ASISTENCIAS
TOTAL	145	46	50

*Datos de la temporada 2025-26 actualizados a 26 de marzo de 2026
PJ: partidos jugados; G: goles; A: asistencias

ESTADÍSTICAS CON LA SELECCIÓN ESPAÑOLA

AÑO	PARTIDOS	GOLES	ASISTENCIAS
2023	4	2	0
2024	13	1	9
2025	6	3	3
TOTAL	23	6	12

YAMAL

10

FICHA PERSONAL

NOMBRE: Lamine Yamal Nasraoui Ebana

FECHA DE NACIMIENTO: 13 de julio de 2007

LUGAR DE NACIMIENTO: Barcelona

NACIONALIDAD: española

MEJORES AMIGOS: Pau Cubarsí y Nico Williams

CLUB ACTUAL: FC Barcelona

DORSAL ACTUAL: 10

POSICIÓN: extremo derecho

ESTADÍSTICAS*

Altura (cm):	**180**
Partidos con su club:	**145**
Goles con su club:	**46**
Trofeos con su club:	**5**
Partidos internacionales:	**23**
Goles internacionales:	**6**
Trofeos internacionales:	**2**
Balones de Oro:	**0**

★★★ **CALIFICACIÓN: 88** ★★★

*Datos actualizados a 26 de marzo de 2026.

LAS CINCO MEJORES ACTUACIONES DE LAMINE YAMAL

1 29 DE ABRIL DE 2023, FC BARCELONA 4-0 REAL BETIS

Con solo quince años de edad, Lamine Yamal entró al campo con la camiseta del primer equipo del Barcelona, cumpliendo un sueño que había empezado mucho antes en la cantera. En ese partido contra el Betis, se convirtió en el jugador más joven en debutar con el Barcelona en LaLiga. No marcó ni realizó asistencias, pero hizo algo igual de importante: dio el primer paso de una historia extraordinaria.

2 9 DE JULIO DE 2024, ESPAÑA 2-1 FRANCIA

La selección española se jugaba el pase a la final de la EURO frente a Francia. El encuentro estaba igualado y la tensión se percibía en cada jugada. Entonces, Lamine recibió el balón lejos del área y, sin pensarlo dos veces, lanzó un disparo increíble que se coló en la portería rival. Con ese gol, se convirtió en el goleador más joven de la historia de la EURO. El tanto fue elegido Gol del Torneo y contribuyó a que España a conquistara el campeonato.

3 11 DE MARZO DE 2025, FC BARCELONA 3-1 BENFICA

Con un gol y una asistencia contra el Benfica en los octavos de final de la Champions League 2024-25, Lamine se convirtió en el jugador más joven en marcar y en asistir en el mismo partido de la competición. Su asistencia a Raphinha sirvió para abrir el marcador. El tanto de Lamine fue un zurdazo desde fuera del área directo a la escuadra derecha del arquero lisboeta.

4 30 DE ABRIL DE 2025, FC BARCELONA 3-3 INTER DE MILÁN

El Inter se adelantó en el marcador, por lo que el Barça necesitaba algo distinto, algo especial. Entonces, apareció Lamine. Con apenas unos toques, lanzó un disparo perfecto, potente y preciso desde fuera del área, que se coló en la portería rival y despertó a todo el equipo. No era un partido cualquiera: era su encuentro número 100 con el primer equipo. Aquel disparo acabó siendo elegido el mejor gol de toda la Champions 2024-25.

5 11 DE MAYO DE 2025, FC BARCELONA 4-3 REAL MADRID

El partido empezó mal. El Barcelona perdía 0-2 y reinaba la preocupación. Pero Lamine volvió a aparecer cuando su equipo más lo necesitaba. Desde fuera del área, con un disparo lleno de intención, marcó un gol que devolvió la esperanza al estadio. Ese tanto fue el inicio de una remontada inolvidable. El Barça ganó 4-3 y dio un paso decisivo hacia el título de liga.

PONTE A PRUEBA...

PREGUNTAS

1. ¿Con qué jugador del Barcelona compartió Lamine una sesión de fotos cuando era solo un bebé?

2. ¿Cuáles son las tres últimas cifras del código postal de Rocafonda, que Lamine reproduce cuando celebra un gol?

3. ¿Cuántos años tenía Lamine cuando fichó por el Barcelona?

4. Lamine optó por jugar con España, pero ¿qué dos países africanos también podría haber elegido?

5. ¿Por qué Lamine no participó en las celebraciones del título de LaLiga del Barcelona en mayo de 2023?

6. ¿Contra quién marcó Lamine su primer gol con el Barcelona?

7. En 2024, Lamine firmó un contrato por diez años para llevar unas determinadas botas de fútbol. ¿Fue con Nike o con Adidas?

8. Lamine marcó su primer gol con España en la EURO 2024. ¿Verdadero o falso?

9. Lamine dio la asistencia del primer gol de España en la final de la EURO 2024, pero ¿quién marcó?

10. Antes de empezar a lucir el dorsal 19 al inicio de la temporada 2024-25 con el Barça, ¿qué número llevaba Lamine?

11. ¿Contra qué equipo marcó Lamine su primer gol en la Champions League en septiembre de 2024?

SOLUCIONES: 1: Con Lionel Messi; **2:** 304; **3:** Siete; **4:** Guinea Ecuatorial y Marruecos; **5:** Porque estaba disputando el Europeo sub-17 en Hungría; **6:** Contra el Granada; **7:** Con Adidas; **8:** Falso: ¡fue su tercer gol con España!; **9:** Su gran amigo Nico Williams; **10:** El 27; **11:** Contra el Mónaco

JUEGA COMO TUS ÍDOLOS

RECORTA HACIA DENTRO Y REMATA COMO LAMINE YAMAL

PASO 1: Como extremo, estar en continuo movimiento es clave para generar espacios. Si no dejas de hacer desmarques inteligentes a la espalda del lateral, tarde o temprano tus compañeros acabarán por ponerte un buen balón.

PASO 2: Tanto si el pase te llega por arriba como si corres a por un balón al espacio, el primer control tiene que ser perfecto. Debes tocar el balón lo justo, sin dar opción a que un defensa se adelante y te lo robe.

PASO 3: Ahora es el momento atacar. Conduce el balón hacia la portería de la forma más rápida y directa posible, hasta que te salga un defensa al cruce.

PASO 4: El rival sabe perfectamente lo que quieres hacer (recortar hacia dentro para chutar con tu pierna buena), pero tienes que lograr que dude sobre cuándo y cómo lo harás. Cambia el peso de un lado a otro, amaga con el cuerpo, baja los hombros un poco y, de repente, arranca con un gran cambio de ritmo para intentar dejar a tu rival sin capacidad de respuesta.

PASO 5: En cuanto veas un hueco para disparar, ¡PAM! Pon el balón directo a la escuadra, buscando una rosca con efecto.

PASO 6: ¡Goool! Ha llegado la hora de la celebración. ¿Prefieres deslizarte de rodillas o enviar un mensaje con las manos? Tú decides… ¡Aunque también puedes hacer las dos cosas!